U1071423

国际金融法论丛

GUOJI JINRONGFA LUNCONG

C.B.J.J 北京市社会科学理论著作出版基金资助

中国银行业创新与发展的法律思考

郭雳 ◎著

北京大学出版社
PEKING UNIVERSITY PRESS

北京市社会科学理论著作出版基金资助

图书在版编目(CIP)数据

中国银行业创新与发展的法律思考/郭雳著.—北京:北京大学出版社,2006.7

(国际金融法论丛)

ISBN 7-301-10187-2

Ⅰ.中… Ⅱ.郭… Ⅲ.银行-经济发展-研究-中国 Ⅳ.F832

中国版本图书馆 CIP 数据核字(2005)第 136826 号

书　　名:中国银行业创新与发展的法律思考

著作责任者:郭　雳　著

责任编辑:明　辉　王　晶

标准书号:ISBN 7-301-10187-2/D·1364

出版发行:北京大学出版社

地　　址:北京市海淀区成府路 205 号　100871

网　　址:http://cbs.pku.edu.cn

电　　话:邮购部 62752015　发行部 62750672　编辑部 62752027

电子信箱:law@pup.pku.edu.cn

排 版 者:北京高新特打字服务社　82350640

印 刷 者:三河市新世纪印务有限公司

经 销 者:新华书店

650 毫米×980 毫米　16 开本　13.25 印张　201 千字

2006 年 7 月第 1 版　2006 年 7 月第 1 次印刷

定　　价:20.00 元

未经许可,不得以任何方式复制或抄袭本书之部分或全部内容。

版权所有,侵权必究

举报电话:010-62752024　电子邮箱:fd@pup.pku.edu.cn

本书是北京大学光华管理学院曹凤岐教授所主持课题
——WTO与中国商业银行的改革与创新——
的部分成果，
研究获国家自然科学基金资助(项目批准号:70373012)

总　　序

一、法律方法与经济问题

本套专著有一个共同的特点，就是作者们不约而同地采用法律方法研究经济问题。过去我们在二十多年的时间内，多看到用经济学的方法分析法律问题。特别是国外法学界开展的轰轰烈烈的“法律的经济分析”，已有若干部专著翻译成为中文。而现在，在中国的大学和研究机构里，法律研究工作者开始进入经济学、公共管理学和工商管理学的领域，用法律的方法来研究这些边缘领域的问题。

在社会科学几个相近的领域，例如经济学、公共管理学、工商管理学和社会学等领域，都有法律研究的论文和著作，这种跨学科的研究成果，也越来越多了。在中国政府将“依法治国”定为基本国策之后，采用法律的思维与方法分析目前的经济改革问题也非常有意义。其意义就在于，我们所说的“依法治国”，不仅仅是表现在一个宏观的口号上，而是要将“依法治国”作为可以实际操作的、用来实际分析经济问题的、作为经济政策设计基础的法律方法。

全国人大常委和全国人大财经委员会委员、北大前校长吴树青老师曾经问我，依照《宪法》，“债转股”是否应该提交全国人大财经委讨论？我说需要研究一下法律，才能回答。此后，国务院关于《国有股减持与成立社保基金》的办法出台，又有人问我，这么大的财政支付转移，是否应该经过全国人大财经委开会讨论？我回答说，需要研究法律。直到我在写这个序的时候，相关的法律研究工作还在进行。我希望从法律制度变迁的角度和我国财经法制程序演进的过程中找出符合法律的答案。

不断遇到类似问题，使我开始研究与思考经济学家们提出的问题：“全国人大财经委员会的职权范围究竟是什么？”“全国人大财经委员会对于国家重大财政支付转移是否有权审议?”从法律学的角度来研究这些经济学问题,本身就构成了一个重要的法律制度程序化和司法化的法学课题。

二、经济学家敏感,法学家稳重

还记得有一次,一位金融业界人士对我说:“改革十多年来,讨论经济改革的问题,几乎都是经济学者的声音,这不奇怪。目前,讨论《证券法》或公司治理的问题,也几乎都是经济学者的声音,这也不奇怪。奇怪的是,所有这些问题的讨论中,几乎听不到法学家的声音!”说到这里,这位朋友几乎用质问的口气对我说,“你们法学家们关心什么?为什么听不到声音?你们都干什么去了?”

我一下子被他的语气盖住了!当时我想不出用什么简单办法向他来解释。尽管我不完全同意他的看法,因为这里可能有他个人信息渠道的问题,也可能有社会媒体关注的偏好问题,但还有可能是更深层的问题,例如,在改革过程中,许多法律制度和程序都尚未定型,如果采用法律的方法,可能会增加改革的成本,特别是时间方面的成本等。

本套专著的作者们都是研究法律的,他们也可以称为年轻的“法学家”了,因为,他们已经发表了相当一批研究成果,从事法学专业研究的时间几乎都在10年以上。他们长期研究的成果,似乎可以部分地回答前面那位朋友的问题了。法学家可能没有经济学家那样敏感,但是,法学家多数比较稳重。法学家的发言将影响经济政策与制度的设计,也影响经济操作与运行。经济发展要考虑效率,但是不能仅仅考虑效率,还要考虑到多数人的公平与程序的正义。我们的政府和社会可能都需要一段时间接受和适应法学家的分析方法和论证方法。

三、研究成果的意义

邀我写序的这套专著的作者们,经过三年多时间的专门研究,又经过一段时间的修改,才拿出这样厚重的成果来。我看到这些成果时,就像看到美国最高法院门前的铜铸灯柱底下基座的铜龟，给人以一种稳重、缓慢、深思熟虑的感觉。中国古代在比美国更早几千年的时候，政法合一的朝廷大殿，就有汉白玉雕刻的石龟。龟背上驮着记录历史的石碑，同样给人以庄严、持久、正义的印象。中外司法与法学研究在历史上流传至今，给人的形象方面的印象和感觉是非常类似的，这种感觉在今天还有。

在不太讲究政治经济学基本理念的时光中，又是在变动未定型的过渡时期，经济学家关于对策性的看法是敏捷和回应迅速的。在回应中有许多是充满了智慧的解决方案和温和的中庸选择。相比之下，法学领域的回应还显得少些，也慢一些。有一个可能的答案，也是从本套研究性专著中解读到的：经济学家们谈论的是“物”（商品与交易），法学家谈论的是“人”（权利与义务）。

现实情况也是如此。市场中的“物”，无论是动产，还是不动产，几乎都成为商品，早已流通。现在，更加上升了一个台阶，市场将作为商品的物，进化到了证券化的虚拟资产的形态了。但是，法学这边的情况呢？《物权法》还在起草过程之中，该法案能否在年内通过，目前还是一个未知数。但是，立法的稳重并不影响市场的发展，法学家们在实务性工作方面，特别在市场中的交易契约设计方面，已经在研究具体的问题，在这方面的成果，也已相当可观。

经济学家对问题的讨论，观点可以是多元化的，也有争论。但是，总的方法还是建立在一个统一的理论框架下和一致的假设前提下的。但是，法律则不同。法律天生就是对抗性的，生来就有正方与反方。抗辩是法律运作的方式，法律的逻辑和理念就是在这种对抗之中发展的。对抗性的法学，本身也导致了它的成果在外界人士看起来充满矛盾性和冲突性。甚至让他们感到，这群人搞的不是科学，而是一种抗辩的技术。

四、国际与国内金融法的融合

如果有人要我用一句话来表达什么是国际金融法，我就会说，它是一张没有国界，只有金融中心与边缘关系的地图。如果说，国内金融法与国际金融法还有什么区别的话，只是时间上的区别了，我国加入 WTO 后，区别将越来越缩小。

如果我们承认一美元在美国和在亚洲都等于一美元的话，国际金融的国界就越来越失去意义。而美元市场上中心与边缘的流通关系，就变得越来越有意义。任何国家国界之内的法律制度如果符合金融流通与发展规律的话，这个国家的经济与社会发展就会顺利，否则就曲折。荷兰的人口是俄罗斯人口的 10%，但是，荷兰的金融规模超过俄罗斯的规模。英国人口 6000 万，是印度人口的 6%，但是，伦敦金融市场的规模比印度大若干倍。这就是金融中心与边缘之间的关系之一。所以，区别国内与国际金融市场，在法律规则方面已经不如以往那样重要，重要的是发展中国家中的大国，如何抵御西方金融中心的垄断，将以美元为基础的金融中心从一极化发展为多极化。

具体到我国，研究国际金融法与国内金融法是不可分的，而且这个领域范围之广袤，课题之宏大，数据之丰富，关系之复杂，都是非常吸引人的。特别是年轻人。这个天文般宏伟的领域，特别适合青年人研究与学习。因为，在这个领域比其他法学领域出新成果的机会要更大，创新成果也相对较多。这套专著的出版，就是一个例证。

本来这套专著的作者们要我写个小序，他们的书稿引发了上面一些话语，我感到有些喧宾夺主了。我感谢作者们以加速折旧的生活方式，写出了这样多的研究成果。学者们的生活，分为两个阶段，在学习的时候，取之于社会；而做研究的时间，特别是出成果的时候，是学者用之于社会和回馈于人民。

愿这些专业研究对金融业内人士有所帮助，对金融体制改革有所贡献。

吴志攀　谨志

2004 年 6 月 28 日

序

曹凤岐

郭雳同志在北京大学法学院获得博士学位后进入光华管理学院博士后流动站工作，我是他的合作指导老师。在站期间，他参与我所主持的国家自然科学基金研究项目“WTO 与中国商业银行的改革与创新”（项目批准号：70373012），完成了一篇很好的出站报告，并在此基础上撰写了《中国银行业创新与发展的法律思考》一书。他邀请我为这本书作序，我欣然同意。

加入 WTO 以来，中国银行业的改革和创新日新月异，同时又不可避免地遇到许多新问题。这当中，如何防范风险是非常重要的问题，借此机会我谈谈对此问题的认识。

现代商业银行面临诸多风险，包括信用风险、市场风险、操作风险、利率风险等。从另一个角度看，存在着系统性风险和非系统性风险。应该说，在国有商业银行体制没有完全转变的情况下，中国商业银行的风险集中于体制风险和管理风险，主要表现为其不能按市场化进行操作而产生的风险。众所周知，中国银行业的信用风险（履约风险）非常大。信用风险大主要是由体制因素造成的。在中国信用体系不完备或者说还没有建立起适应市场经济的信用体系情况下，国有企业贷款实际上存在一个不还款的激励，因此形成了大量不良贷款。与此同时，管理风险其实往往也是由体制因素造成的。在银行体制没有转变的情况下，激励和约束不充分：银行工作人员干多干少一样、干好干坏一样；贷款损失不损失，与他关系不太大，多创造收益也不能够多得。这种局面下当然很难实现科学管理，此外对于现代化的管理，许多银行工作人员还不是很熟悉，因此这种风险也是相当大的。

如何防范和化解中国商业银行的风险呢？

(一) 最重要的是中国商业银行必须进行改革与创新

目前正在进行的国有商业银行改革是非常重要的改革，四大国有银行现在已经不能适应市场的需要。加入 WTO 后，面临国外银行的竞争，四大国有银行从盈利能力、资本充足率到管理等各方面都是落后的。不仅如此，实际上国内一些市场化的股份制商业银行，包括地方商业银行，对国有银行也已经形成了冲击。四大行现在受计划行政影响仍然很大，还难称得上是真正的公司，在面临内外竞争压力的情况下，必须进行改革。

首先，产权制度改革是国有商业银行最核心的问题。通过产权制度改革把国有银行变为真正适应市场化的金融企业，而要把它改造成一个公司制企业，可以先变成国家控股、多元化融资的公司。

其次，要建立真正的法人治理结构。中国的资本市场出了很多问题，主要原因就在于中国的公司不是真正的公司，股权分置，内部没有形成法人治理结构，董事会不能发挥作用。所以国有银行改革也要在解决法人治理结构问题的基础上，建立内控机制、风险防范机制，这样才能真正发挥出银行的作用，实现自我约束、自我发展。其中最关键的是建立有利于激励和约束的商业银行管理体制。我国商业银行现行管理体制存在严重缺陷，妨碍自我约束也妨碍自我激励。例如，国有商业银行的薪酬制度，既不能激励优秀的员工，又不能使员工的权利和责任相匹配，导致银行职员滥用自己的权力去获得贷款人给予的好处，从而造成我国商业银行管理人员的道德风险严重。因此我国的商业银行必须尽快建立合理的激励和约束机制，对于业绩突出的员工予以奖励，对于造成银行损失的员工予以处罚，以明确责任。

第三，要采用金融控股集团公司模式解决银行管理体制问题。今后银行面临的两个问题，一个是业务从分业经营向混业经营过渡，二是要上市。总体上改革可以采用建立金融控股公司的模式。金融控股公司的模式实际上已经存在,最典型的是光大集团和中信集团。光大集团和中信集团作为集团总公司来说是一个金融控股公司,它的总体业务是多元化的,但实际上又是分业经营的,资金、业务、人员、账户都是分离的,管理也是分离的,这样可以给我们提供一个参照。光大和中信是一个混合型金融控股集团,四大国有银行完全可以搞成单一型控股集团。打个比方说,将来可能会出现中国工商银行集团公司,整体来说是一个银行,下面可以按照公司去分。比如按地域分,北京市可设一个分行,实际上是它的一个分公司或者子公司,另外还可以按业务分,分成结算公司、信用卡公司,等等。它还可以通过资产重组和并购,去购买保险公司、证券公司、基金公司。这样的话,以银行业务为主涵盖综合业务,既不违反目前的分业经营,也适合今后混业经营的发展方向。从整个体制改革来说,国家控制总行这一级,或者国家委托进行管理,对下面的公司,不要过多地去干涉。要把国有独资银行变成一个混合型的控股公司,需要允许民营资本进入,允许国外资本进入,可以采取资产重组的办法,把它变成一个多元化的公司。建立控股公司以后,为了更多地扩展业务,可以收购国内外的公司,譬如中国工商银行已经收购了香港友联银行。通过资产重组来解决公司改造的问题,解决多种经营的问题,解决国外和国内资本运作的问题。

第四,在经过公司化发展改造以后,中国的商业银行可以上市,也应该上市。但是四大国有银行上市,应该具备一定的条件,要水到渠成地来做。为什么银行要上市?现在一个说法,是要解决资本充足率的问题,要增加自有资本。实际上这只是其中的一个方面,因为随着资产业务的扩大,自有资本永远都是一个变化的过程,今天够了,明天资产再扩张,资本又会不够。因此银行上市主要不是为了增加自有资本、提高资本充足率,而是使银行更加社会化、公众化,让社会来进行监督,成为真正的市场化公司,这才是上市的根本目的。

第五,要加强业务创新。中国商业银行长期专注于存贷等传统业务,已经不适应经济发展的需要,而且风险很大。要大力发展中间业务、表外业务和投资业务,创造新的金融工具,发展综合性业务。

（二）建立和完善中国商业银行风险管理体系

我国的商业银行尤其是四大国有商业银行,面临着巨大的内外部风险,所以尽快建立我国商业银行风险管理体系是十分迫切和重要的。商业银行风险管理是指商业银行从自身业务经营的角度出发,结合其自身经营环境的具体特点,对在经营过程中可能遇到的各种风险进行识别和分析,并采取适当的方法和工具以最小成本规避和减少风险,在保障安全的前提下,确保利润目标的实现。商业银行的风险管理体系主要指风险管理的机制和操作流程。

我国商业银行建立风险管理体系应该从以下方面着手:

第一,加强商业银行资本金风险管理。根据《巴塞尔协议》的要求,商业银行的资本充足率应该达到8%。商业银行的自有资本是应付商业银行风险的最后屏障,因而必须予以保障。建立商业银行风险管理体系,首先应该加强资本金的管理,采取各种办法,扩充商业银行资本金,尽早达到《巴塞尔协议》的要求。巴塞尔委员会最近颁布了新《巴塞尔协议》,新协议试图在全面继承以1988年协议为代表的一系列监管原则基础上,延续以资本充足率为核心、以信用风险控制为重点的监管格局,同时着手从单一的资本充足约束,转向来自最低资本金要求、监管部门的监督检查和市场纪律约束等三个方面的共同约束。新协议进而提出了衡量资本充足率的新思路和方法,以使资本充足率和各项风险管理措施更能适应当前金融市场发展的客观要求。我国商业银行要为执行新巴塞尔协议作好充分准备。

第二,建立商业银行内部风险控制体系。建立风险预警机制,通过现代化的电子计算机技术和其他风险管理技术,尽早发现风险,以及时化解和处理。建立风险监察体系,要经常对银行业务进行稽核检查。稽查的重点应放在保证合法合规经营,对信用风险进行分析和证价。建立风险控制程序,要对信贷审批人员的权力进行制约,防止滥用权力的出现。

第三,加强贷款风险管理。

(1) 采取国际通用的五级贷款分类方法,彻底取代原有的以贷款时间为标准的逾期、呆滞、呆账的分类方法。原有分类方法不能真实反映贷款质量,因为有的贷款即使没有到期(也就谈不上逾期),也可能发生损失。同时应该增加坏账准备的记提,以反映谨慎的会计原则。

(2) 改革信贷决策机制,实行集体决策程序下的个人负责制,这有利于防止个人滥用权力,有利于防止外部行政干预,有利于明确相关人员的责任。对于大额贷款,权限应该集中于总行或者分行,有助于减少地方行政的过多干预。

(3) 由于历史性原因,我国商业银行的贷款绝大部分集中于国有企业。国有企业经营状况不好,造成银行信用风险很大,因而今后要注意放贷分散,将贷款投向民营和中小企业,分散风险。

(4) 要防止某些企业利用重组、改制等方式逃废银行债务。

第四,加强资产负债比例管理。我国商业银行应该加强资产负债比例管理,这是因为我国商业银行的资产负债管理存在着很大的缺陷和漏洞。一是贷款过度集中于国有企业,造成信用风险的扩大;二是贷款占存款比例过高;三是贷款结构不合理。因此,应该建立合理的资产负债管理指标和体系,加强资产负债比例管理。

第五,完善中国商业银行不良资产处置体系。由于历史和体制性原因,我国商业银行积累了大量的不良资产。如果不尽早化解掉这些不良资产,必将影响到我国商业银行的安全。我国现在已经采取各种方式,包括债务剥离、债转股,逐年减少不良资产的比例。但是政策实施的效果不理想,也未能从根本上解决银行的不良资产问题。应该尽早建立合理的不良资产处置体系,可以采取资产证券化、引入民间资本和国外资本等方式,提高不良资产的处置效率。

第六,积极稳妥开展资产证券化工作。资产证券化(Asset Securitization)是将缺乏流动性但能够产生稳定现金流的资产,通过一定的结构安排,对资产中风险与收益进行分离组合,进而转换成可以出售和流通的证券的过程。目前国外比较成熟的品种包括资产担保证券(Asset-Based Securities, ABS)和按揭担保证券(Mortgage-Based Securities, MBS)。资产证券化提高了资本市场的运作效率,使原始权益人(一般为商业银行)能够增强放款能力,提高自身的资本充足率,降低融资成本。对投资者来说,可以突破投资限制,提高自身的资产质量,使资产获得较大的流动性,在降低投资风险同时获得较高的投资回报。我国商业银行可以通过资产证券化来提高资产的流动性、改善资产结构和处置部分不良资产。

(三)完善有关商业银行的法律体系

我国已经制订和修改过《商业银行法》,但还很不够。尤其是加入WTO后中国商业银行国际化的步伐加快,国际商业银行进入中国,引发了很多法律问题。因此应当与时俱进,不断制订适应商业银行市场化和国际化的法律法规,形成一套完善的法律体系,才能保证中国商业银行的健康发展。

以上观点实际上呼应了郭雳同志在书中的论述。全书运用法学和经济学的知识,采取历史研究、比较研究等方法,探讨我国银行业最新的重要发展举措。书中对于次级债、混业经营、理财业务、基金业务、资产证券化、国际化、不良资产处置等问题的讨论,视野广阔、论述缜密、富于见地。上述问题是我国商业银行改革和创新中一些较为具体的问题,同时也都是非常重要的问题。针对这些具有挑战性的问题,作者进行了深入研究,进一步明确了中国商业银行改革的方向,而且就怎样实施这些改革举措、如何实现法律保护和规范,也有冷静的思考和建设性的主张。通观全书,既包含丰富的金融与法律理论,又不乏实践中的可操作性,对于理论工作者和实务部门的同志都具有相当大的参考价值。我相信读者们一定能从这本书中获取非常有益的启迪。

2005年10月1日

于北大清华蓝旗营寓所

CONTENTS **目 录**

CONTENTS 目 录

CONTENTS 目 录

导 言

进入21世纪，特别是加入WTO以来，中国银行业的改革和创新持续提速。一方面，中国积极履行其入世时的承诺。入世伊始就开放了外汇业务，2003年底把外资银行人民币业务的客户对象扩大到中国企业；截止2004年底已先后开放上海、深圳、天津、大连、广州、珠海、青岛、南京、武汉、济南、福州、成都、重庆、昆明、厦门、北京等16座城市的人民币业务，到2006年底将取消全部地域限制，并允许外资银行对中国居民提供人民币业务服务，即开放人民币的零售业务。超出入世时承诺的开放包括：将单个外资参股中资银行比例从15%提高到20%；减少外资银行分行营运资金的档次和数量要求；允许外资银行从事衍生品业务；允许外资银行从事保险公司外汇资金境外运用的托管业务。

另一方面，以四大国有商业银行注资重组、改制上市为核心的变革取得突破性进展。2004年前后，中央政府出其不意地从外汇储备中拿出450亿美元对中国银行、中国建设银行进行注资，随即财政部宣布将两家银行原有的3000亿元人民币所有者权益全部用于冲销不良资产损失。之后，两家银行又紧锣密鼓地开展了以上市为目标的一系列大规模财务重组，包括出售可疑类贷款、发行次级债、引入战略投资者等。重组完成后，两家银行的资本充足率都超过8%，拨备覆盖率大为提高，不良资产率迅速下降，为进一步改制上市奠定了基础。2005年10月，中国建设银行在香港成功上市。2005年4月，国务院批复中国工商银行改革方案，通过汇金公司出资150亿美元补充工行资本金，加上原有的约1240亿人民币国有资本，使其核心资本充足率达到6%；同时允许其通过发行次级债补充附属资本，使资本充足率达到8%。半年之后，中国工商银行股份公司正式设立。这些切实举措无疑有利于推动我国商业银行向市场主体的转化。

2003 年 4 月，新设立的中国银行业监督管理委员会正式开始运作，负责监管银行、资产管理公司、信托投资公司、财务公司等金融机构，维护银行业的平稳健康发展。银监会以防范风险、深化改革为己任，将提高资本充足率、增加拨备覆盖作为银行监管的重点，确立了"管风险、管法人、管内控，提高透明度"的监管理念。中国人民银行作为中央银行，将职能专注于宏观协调，制定和执行货币政策。新的银行监管机制逐步完成磨合，发挥作用。可以说，中国银行业进入了一个新的发展阶段。

新阶段面临新挑战，银行改革和创新过程中又产生出许多新问题，而这些发展也要求监管者重新思考和变化自身的思路与工作方式。本书主要从法律和规范的视角，观察和讨论我国银行业近期重要的发展举措。书中着重选取了次级债、混业经营、保底理财、基金业务、资产证券化、国际化、不良资产处置等七个方面，结合对国外相关情况的介绍，剖析上述领域发展的实质内涵，揭示其所反映的时代要求，研究变化进程当中遭遇的法律障碍，就完善规则、强化监管提出建议和主张。

第一章"全球化视角下的我国商业银行次级债热"从对资本充足水平的影响、市场约束功能以及次级债券发行中的问题等三个方面，观察和研究我国银行及其他金融机构次级债热现象。利用发行募集次级债务补充我国商业银行附属资本是非常必要和及时的，然而对其提高资本充足率的作用应有清醒客观的认识，不能一味追求短期效应，以技术的方法掩盖甚至拖延制度改革的实质性进程。同时，次级债市场约束功能的发挥需要一些机制的配合，我国的现实状况和市场发育程度未能为其提供足够的支持。操作层面，本章针对谁发债、谁购买以及如何发等具体问题进行了讨论。

第二章"金融控股公司还是全能银行？——《商业银行法》第 43 条修订之思考"以上述条文的变化为出发点，检讨其背后的时代特征以及所反映的现实需求，进而深入剖析了美国、欧盟、日本等国的相关法律规定及其制度变迁。通过比较研究，我们发现：无论是美国的金融控股公司模式还是欧洲的全能银行模式，目前都难以也不应被中国简单化地全盘复制，特别是看似潮流所在的金融控股公司模式，其弊端和不确定性不容忽视。借助产权改革、公司治理改变银行既有行为模式，同时有效抑制利益冲突、实现风险隔离，是混业经营成功实践的前提。

第三章“金融机构保底理财服务法律问题研究”分别讨论了信托投资公司的保底理财、基金管理公司的保底（本）基金、证券公司的“保底”资产管理业务、保险公司的“保底”理财性质产品以及新近推出的商业银行“保本保息”代客理财业务，详尽梳理了目前的法律、法规和规范性文件，发掘其间的差异和联系，阐释现实需求与时下规范不相协调之处，并提出政策建议。概而言之，目前金融机构各类保底理财产品和服务的合法性不一，其间差异存在某些现实合理性；要从整体上解决这一问题，尚缺乏坚实的法律和理论依据。建议国务院法制办尽快牵头研究并出台《信托机构管理条例》或者《金融机构客户资金管理业务试行办法》，必要时启动法律修改程序，以统一认识，加强协调和规范。

第四章题为“银行试水基金管理谨慎为之”。中国工商银行等三家银行获准成为首批直接投资设立基金管理公司的试点银行。继基金托管、基金销售后，银行开始涉足基金管理这一基金业的核心领域。然而，基金业也远非净土。2003 年至今美国所曝光的基金黑幕恰为世人展现出其乱象种种：过度竞争、监管死角、管理人身负的利益冲突。事实警示我们，如果不能设立严格的隔离机制遏止利益输送，不能执行有效的信息披露强化公众监督，基金不无重蹈困顿券商覆辙的可能，而目前的《商业银行设立基金管理公司试点管理办法》等规定能否切实发挥作用，值得进一步研究。

第五章“银行资产证券化的法律思考”结合巴塞尔新资本协议相应规定以及国外有关实践，介绍和评析中国人民银行、中国银监会《信贷资产证券化试点管理办法》、财政部《信贷资产证券化试点会计处理规定》、中国人民银行《资产支持证券信息披露规则》等一系列新近发布的规章和规范性文件。信贷资产证券化对于提高商业银行资产的流动性、分散信贷风险、改善银行资本充足状况具有积极作用,而对其复杂性和多样性亦应有充分的认识。本章针对证券化过程中表外融资、真实出售、资本充足率要求、课税原则及难点、法律依据等相关法律问题提出分析和见解。

第六章"银行国际化有关法律问题初探"主要尝试从风险和监管的角度,研究全球化条件下我国银行国际化经营所引发的规范问题。在境外设立分支机构和开展离岸业务是银行国际化经营、服务境外客户的主要形式。本章首先从现有法律规范出发,分别讨论我国境外银行机构与离岸银行业务实践和监管中的主要法律问题;继而转入境外东道国的视角,讨论美国对在美外资银行机构的法律规制,为我国实践寻求借鉴;最后结合案例,分析和讨论目前银行国际化业务的重要环节之一——信用证业务中审单的法律和实践。总体上,遵守法律法规、执行国际惯例、实现风险隔离、防止账户混同是银行成功国际化运营的关键。国家层面,严格对银行境外机构监管、加强与外国监管机构协调合作、尽快完善破产清算法例等是维护国家利益、保障我国银行权益的重要措施。

第七章"银行、金融资产管理公司资产处置中的法律问题"围绕我国银行业不良资产处置的实践展开讨论,总结和分析银行、金融资产管理公司在债权转让、担保实现、股权处理、债务重组、处置程序、司法诉讼、创新机制等领域遇到的现实问题和法律困境,并从修改完善现行法律、增加针对金融资产管理公司的特别规定、改进司法诉讼机制等方面提出具体的建议。同时研究指出,外部法律环境的改善应与内部行为规范的加强同步,有关部门对不良资产管理和处置中的违法违规现象必须依法查处、有效打击。

不难发现,银行等金融机构混业经营的趋向进一步得到确认,开发中间业务、拓展国际化经营的意愿日见强烈。这些尝试与原有的法律规定不可避免地存在龃龉。《商业银行法》等的修订为银行业务创新预留了空间,但围绕营业性信托的行业与监管割据仍令各主体的理财活动难以圆畅。与此同时,金融集团内部例如银行与其设立的基金管理公司之间,如何真正地实现法人分业、风险隔离,防止账户混同、利益输送,继续成为中国银行业改革成败与否的最大疑问和变数之一。就像注资和改制互为条件,银行创新过程中对利润的追求必须与对风险的控制相匹配。政府应当立足长远,不断检讨自身的角色定位,鼓励和培养市场参与者的责任感和风险意识,扭转或纠正人们不正确的预期。中国金融的改革和发展需要整体的框架性思路。

第一章　次级债

全球化视角下的我国商业银行次级债"热"

近两年以来，商业银行发行募集次级债无疑构成我国金融业的一大热点。2003 年 12 月 9 日，中国银监会发布《关于将次级定期债务计入附属资本的通知》，规定商业银行可根据自身情况，决定是否发行次级定期债务作为附属资本，其发行规模由商业银行自己衡量，由银行向目标债权人定向募集，银监会负责审批。2004 年 6 月 23 日，中国人民银行和银监会共同制定《商业银行次级债券发行管理办法》，规定次级债券可以在全国银行间债券市场公开发行或私募发行，此外商业银行也可以私募方式募集次级定期债务。银监会负责对商业银行发行次级债券资格进行审查，并以对次级债券计入附属资本的方式进行监督管理；人民银行对次级债券在银行间债券市场的发行和交易进行监督管理。

伴随着相关法规的出台，兴业银行、招商银行、华夏银行分别于 2003 年底和 2004 年中相继发行了总额为 30 亿、35 亿元和 42.5 亿元的次级债。浦发银行等其他股份制商业银行发布公告，表示将发行次级定期债务。与此同时，国有商业银行也拉开了次级债券发行的序幕。中国银行在 2004 年 6、7 月间成功发行了 140.7 亿元的首批次级债，成为我国资本市场上第一家公开发行次级债的银行，该次级债券并于 8 月 27 日开始上市流通。建设银行则在 7 月底将其首期次级债从 100 亿元增发至 150 亿元，从而获得"国内目前次级债发行规模最大银行"的桂冠，并于 9 月 10 日起正式在银行间债市上市交易。此外，在 2004 年 2 月召开的全国保险工作会议上，中国保监会主席吴定富就曾明确表示，对于保险公司提出的通过发行次级债券补充资本金的做法，只要没有法律上的障碍，保监会将给予支持。10月11日，保监会发布实施了《保险公司次级定期债务管理暂行办法》。

虽然从20世纪80年代中期起我国四大国有商业银行就开始发行金融债券，但其目的多在于弥补营运头寸的不足，而非筹集资本，并且主要是在国际金融市场发行，因此并未引发过如此反响。更重要的是，这回面向国内发行的银行债券具有特殊属性，即属于次级债务。所谓银行次级债务（Subordinated Debt），通常是指固定期限不少于5年（含5年），不用于弥补银行日常经营损失，而且该项债务的求偿权排在存款和其他负债之后的长期债务。相应地，商业银行次级债券就是指那些“商业银行发行的、本金和利息的清偿顺序列于商业银行其他负债之后、先于商业银行股权资本的债券”①。一般而言，相比普通的次级债务，次级债券的流动性更佳，利率因此相应较低。

实际上，围绕银行次级债务的关注和研究并不局限于我国。特别是近几年来，就次级债务作用的充分发挥，巴塞尔（银行监管）委员会、发达国家银行监管者以及若干研究智囊机构之间还存在不小的分歧和争论。在金融全球化趋势日益显著的今天，了解这些情况有助于全面地认识和理解这一作为“舶来品”的创新工具，客观地分析和把握其在我国目前现实条件下所起的作用，克服盲目乐观的情绪，避免南橘北枳的结果。下文将从发行次级债对于银行资本充足性的影响、市场约束功能的发挥和局限以及其他相关问题等三个方面加以讨论。

一、次级债与提高资本充足水平

毋庸讳言，解决资本金不足问题是目前我国各家商业银行，特别是国

① 《商业银行次级债券发行管理办法》第2条。

有商业银行发行次级债最直接和最主要的动因。这一点也被银行监管机构所认可和鼓励。在被问及发行银行次级债券的重要意义时，人民银行、银监会负责人的回答首先就是此举“有利于商业银行拓宽资本筹集渠道，推动国有商业银行改革”。具体而言，“根据商业银行改革的需要，今后四年内要实现国有商业银行改制上市，实现国有资产的保值增值，应采取切实有效的措施尽快优化国有商业银行的资本结构，提高其资本充足率”。② 的确，随着履行入世承诺、开放金融市场的期限日益临近，我国对国有商业银行改革的步伐不断加快。继1998年对四大国有商业进行2700亿元特别金融债券注资和14000亿元不良贷款剥离后，2004年以来，450亿美元外汇储备注资、卖断可疑类贷款、社保基金参股等重大举措先后出台，强力推动中行、建行、工行等从国有独资商业银行向国家控股的股份制商业银行的转型，为尽快完成改制上市、全面提升竞争力、成为符合国际标准的现代银行奠定基础。

要与国际接轨，巴塞尔委员会的标准不容忽视；要改制上市，资本充足率的门槛必须跨越。尽管面临改革，1988年7月巴塞尔委员会通过的《统一资本计量与资本标准的国际协议》（“巴塞尔协议”）为银行资本设立了国际通行的监管准则，目前仍被一百多个国家和地区所采用。《巴塞尔协议》规定，商业银行资本充足率不得低于8%，商业银行的资本金包括核心资本和附属资本，核心资本主要由普通股和公开储备构成。附属资本则比较复杂，包括非公开储备、资产重估储备、一般准备金、债券—股票混合工具等。除此之外，各国监管机构可以根据所在国的会计政策和监管条例，自行决定将符合一定条件的定期次级债务计入银行的附属资本。这些条件包括无担保、不用于分担银行日常经营损失、不能超过银行核心资本的50%、原始期限在5年以上、在最后5年内每年折扣累计20%

② 《中国人民银行和中国银行业监督管理委员会有关负责人就商业银行次级债券发行以及有关管理办法答记者问》，载 http://news.xinhuanet.com/fortune/2004-06/23/content_1542896.htm。

等。根据相关部门统计,全球银行附属资本存量已从1988年的500亿美元上升至2003年的5900亿美元。[③]

近年来尤其是银监会设立之后,我国大幅度吸收借鉴了以《巴塞尔协议》为基础的国际通行原则。目前已经初步形成了以《中华人民共和国银行业监督管理法》为核心,以包括《商业银行资本充足率管理办法》、《商业银行次级债券发行管理办法》、《关于将次级定期债务计入附属资本的通知》、《关于印发资本充足率统计制度的通知》等在内六十多项规章和规范性文件为主体的银行业监管法律法规体系。《商业银行资本充足率管理办法》中明确规定附属资本包括长期次级债务,为发行次级债券补充附属资本提供了重要法律依据,打通了渠道;《商业银行次级债券发行管理办法》、《关于将次级定期债务计入附属资本的通知》则进一步将其落实到可操作的层面。

应当承认,利用发行次级债务补充我国商业银行附属资本,是非常必要和及时的。长期以来,由于存在发起人出资不到位、资本补充工具欠缺以及经营者对资本充足率的认识不足等问题,我国银行的资本充足率始终处于较低水平,而其中附属资本所占比重尤其小。2004年之前,国有商业银行的核心资本约占资本总额的90%,附属资本仅占10%。同时,要实现短期提升资本充足率的目标,借助次级债务也是为数不多的可行手段之一。因为在国家财政吃紧、国有股减持遇阻、商业银行大面积撇账的情形下,增资扩股、保留利润、计提拨备等其他传统方式也变得不太现实。从效果来看,这轮次级债券的发行对于改善相关银行的资本状况,作用也是相当显著的。140.7亿元次级债到账后,中行的资本充足率将达到8.3%;而两期次级债券发行完毕以后,建行资本充足率也将达到8%以上。两家银行的资本实力大大加强,加之不良贷款转售所导致总资产的

---

③ 《中国人民银行和中国银行业监督管理委员会有关负责人就商业银行次级债券发行以及有关管理办法答记者问》,载 http://news.xinhuanet.com/fortune/2004-06/23/content_1542896.htm。

下降,中行与建行的不良资产率已分别锐减至5.46%和3.08%,其资本充足率都将能够满足银监会的要求,达到股票发行上市的标准。

然而对于银行次级债务的作用,我们仍必须保持一个清醒的认识。归根结底,次级债务仍属于债务性质,而非股本;它只能作为附属资本,而非核心资本。股本最本质的特性就在于银行可以自由支配,并且用于弥补损失;而作为债务,次级债券到期时银行必须偿付并支付利息,而且不能用于弥补银行日常经营损失。只有出现银行破产或清算的情况,基于末位受偿的特性,次级债务才被用于堵上亏空,发挥类似股本的作用。银行正常经营的基础在于其抗风险的能力,而抗风险、弥补经营损失的能力主要仍依赖于股本以及公开储备,次级债务的辅助功能有很大局限。这也是巴塞尔委员会在规定资本充足率8%最低水平的同时,又单独规定核心资本4%最低水平的重要原因。实际上,国外大银行更加重视核心资本的充足状况,其核心资本在全部资本中的比率通常保持在70%左右。

诚然,相对于通过股本来补充银行资本,发行次级债程序相对简单、周期短、成本低,的确是一种快捷、可持续的补充资本金的方式。但从境外的经验来看,这一方式多为经营情况良好、仍然具备较强盈利能力的商业银行在资本充足率暂时下降或不符合监管要求时所采取,为银行实施改革举措或调整业务结构赢得时间。换而言之,次级债券并不能从根本上解决银行资本充足率不足的问题,它更像是一个为银行提供改善经营状况、调整资产结构缓冲期的非常手段。从这一意义上说,我国此番次级债"热"颇有些"非常手段非常运用"的韵味,对其所致的几家银行资本充足率短期达标、叩开上市之门过度兴奋,实在没有必要。相反,中国商业银行盈利模式单一的痼疾未见根本改善,而中间业务如票据、信用卡的发展却陷入混乱,这些问题倒是应当引起更多的重视。④

其实即便是增加附属资本,次级债也并非是唯一可考虑的工具。例

---

④ 穆迪投资服务公司全球信贷研究部:《中国银行业展望》,载吴敬琏主编:《比较》(第13辑),中信出版社2004年版,第195—196页。

如前文提到的债券—股票混合工具。按照巴塞尔委员会的规定，它们是指一系列同时具有股本资本和债务资本特性的工具（最常见的如可转换债券），其必须符合四项条件：无担保、从属和全额的；不可由持有者主动回售，未经监管当局事先同意，也不准赎回；必须用于分担损失，而不必停止交易；当银行的盈利不敷支付时，应允许推迟支付利息。由此可见，债券—股票混合工具可以而且必须用于分担银行的损失，还不必停止交易，而次级债券仅在银行破产、清算时才能用于清偿银行的损失。在某种程度上可以说，混合工具比次级债更具备充当银行资本的属性，发行可转换债券或许比发行次级债券更能从根本上解决资本不足问题。[5] 民生银行就在2003年发行了40亿元可转债，而招商银行在2004年3月股东大会上决定发行35亿元次级债的同时，也通过了发行65亿元可转债的议案。

如果说上述评论更多是出于理论上的分析，那么中行、建行发债的实践则又为我们平添了几分现实的忧虑。银行之间互相购持对方所发行的次级债，就是其中最引人诟病的焦点。数据显示，中行发债时建行认购其中的37亿，成为最大买家；随后建行次级债发售，中行投桃报李，成为继工行、中金、交行之后的第四大买家。对此，温和的评论认为几大国有银行早晚都要发行次级债，因此达成默契，互相捧场，以一个相对较低的中标价格发行，有利于减少发行成本，虽难免操控之嫌，却也在预料当中。也有不少意见则没有如此含蓄，其中较激进的更直斥其不过又是"账面游戏"、"技术改革"。这样的指责并非没有道理，因为大量的交叉持有意味着缺乏新的外部资金注入，银行系统资本未见增加，整体抗风险能力没有实质提高，相反有可能带来"一损皆损"的连锁反应。[6]

当事方并不承认默契的存在。中国银行行长助理朱民就强调，建行虽然是中行第一期次级债的最大买家，但两家之间在次级债发行问题上

---

⑤　参见张吉光：《破除次级债券六大误解》，载《国际金融报》2003年12月23日。

⑥　参见孙铭、张逸之：《内外热炒银行互购次级债、"技术"延误变革》，载《21世纪经济报道》2004年9月13日。

从来没有达成任何协议。中行发行次级债采取了公开招标定价的方式，整个过程公开透明。中行是根据自己的商业利益来决定是否参与购买建行的次级债。[⑦] 辩护和解释的声音还指出，在当前宏观调控下，商业银行的信贷业务受到诸多限制，但是大量资金又亟需寻找出路，其他银行所发行的次级债无论从收益率和稳定性来考虑都是一个不错的选择，说是自发行为也绝非信口雌黄。而且，认购并不意味着就将长期持有。随着时间的推移，绝大多数的次级债券会被择机转售给银行之外的机构投资者。尽管未必完全令人信服，但这样的反驳毕竟有待将来的事实最终证实或证伪。值得关注的是，交行也积极参与了针对中、建两行的投资，接下来其自身次级债的发行情况如何，或可为争论的某一方提供支持。

笔者注意到，监管者对这一问题其实是有所预期和应对的。根据他们的研究，“巴塞尔委员会原则上不反对商业银行持有其他银行的次级债券。在目前各国的监管实践中，金融监管机构一般采用以下做法：一是对银行持有其他银行发行的次级债券设定上限，限额以内的部分按 100% 风险权重计入风险资产，超出部分从其资本中扣减。二是认定银行持有其他银行次级债券的性质并确定相应的资本扣减标准，未要求扣除的部分按 100% 风险权重计入风险资产”。“从我国目前金融市场的结构来看，商业银行一直是债券市场的主要投资力量，而其他各类机构投资者正处于培育和发展过程中，在金融资产总量中的比例相对较低。为了拓宽次级债券发行渠道，降低商业银行发行成本，允许商业银行投资于其他商业银行发行的次级债券是较为现实的选择。”[⑧]为避免商业银行过度相互持有、防范系统性风险，《商业银行次级债券发行管理办法》规定了一定的限制，对次级债券计入商业银行附属资本的条件原则上要求按照银监会的有关规定执行，同时对商业银行持有其他商业银行发行的次级债券按照

---

⑦ 参见刘彩娜：《中行建行互买次级债成谜》，载《中华工商时报》2004 年 7 月 31 日。

⑧ 参见《中国人民银行和中国银行业监督管理委员会有关负责人就商业银行次级债券发行以及有关管理办法答记者问》。

其核心资本的20%设定了限额。[9] 商业银行持有其他银行的次级债券按照100%风险权重计算风险资产。

针对目前出现的情况和争论，是否有必要出台进一步的措施，确实非常值得研究。资本充足率达标得之不易，有效地做实与巩固更是当务之急。无论如何，在经历了多次效果不彰的"变革"后，以技术的方法掩盖甚至是拖延制度改革的实质性进程，恐怕是我们最不愿看到的。

二、次级债的市场约束功能

提高监管效率，强化市场约束是决策层力推次级债的又一初衷。由于发行次级债券的商业银行必须定期向市场公布其经营状况，并接受债券评级，因此提高了商业银行经营的透明度，有助于加强监管。此外，次级债券在二级市场的流通交易，也会进一步加强对发行次级债券银行的市场约束，因为二级市场上次级债券的价格与发行银行的风险变化存在较为直接的联系，发债银行的经营状况通常会通过其次级债券的收益率变动予以体现，从而使发债银行处于市场的持续监督之中，这显然有利于银行加强自我风险管理。[10]

至少在理论上，上述逻辑是成立的。对外部专业评级机构以及次级债市场约束作用的重视，正代表着全球范围内银行监管的潮流。概而言之，新《巴塞尔协议》具有以下特点：保留了核心资本和附属资本两层的基本框架；针对政府、公司等不同对象划分了更为精细的信用和风险权重；允许具备某些资格、稳健成熟的大银行采用内部风险评估模式；在原有信贷风险的基础上，又进一步考虑到银行所面临的市场风险和操作风险。除此之外，新《巴塞尔协议》特别强调了外部评级的作用，不论是银行、借

---

⑨ 《商业银行次级债券发行管理办法》第13条。

⑩ 参见《中国人民银行和中国银行业监督管理委员会有关负责人就商业银行次级债券发行以及有关管理办法答记者问》。

款人，还是债券等金融工具，都被列入评级的范畴，以求做到实时监控和配置风险。

随着社会信用制度的完善，作为信用管理重要手段的信用评级业，在揭示和防范信用风险、降低交易成本、促进市场主体提高信誉、改善金融和经济运行环境等方面的确发挥着重要作用。专业评级机构凭借其在长期实践中积累起来的知识和经验，对国家、地区、行业或个体都能够有比较全面深入的了解，可以敏锐和准确地把握经营或市场中的变化，降低信息不对称，发挥预警职能，揭示潜在风险。因此，近年来信用评级工作正得到越来越多的重视。2003 年 11 月，人民银行总行正式成立征信管理局并明确其职责：承担信贷征信管理工作；拟订信贷征信发展规划、管理办法和有关风险评价标准；宣传普及有关金融知识等。央行征信管理局正式成立，标志着中国征信行业监管主体的确立，有助于改变中国征信行业多头领导下监管主体实质性缺位的状况。法律法规方面，据悉以人民银行为组长单位、17 个部委(办)参加的建立企业和个人征信体系专题工作小组起草的《征信管理条例》经反复修改后，已基本成熟并上报国务院。

然而，外部评级所起的作用也不应被夸大，对其局限性和存在的问题也应有清醒的认识。作为独立的营利性团体，从技术上说，评级机构无法避免出现偏差和失误；从操守角度看，评级机构也有可能被其评估对象"俘获"(Capture)，出现"评级膨胀"(Grade Inflation)。而且，目前全球范围内，标准普尔(Standard Poor's)、穆迪(Moody)以及惠誉(FITCH IBCA)等三大评级机构几乎垄断了整个市场，"大而难倒"所产生的道德风险甚至超过会计等其他行业。近来陆续曝光的意大利帕玛拉特事件中，就牵扯到标准普尔对帕玛拉特债券的评级错误问题，也彰显出其中所蕴藏的风险。[11]

我国信用评级的发展只有短短十多年的历史。20 世纪 80 年代末诞

---

⑪ 参见周小川：《金融市场中的分工和责任推诿现象》，载吴敬琏主编：《比较》第 13 辑，中信出版社 2004 年版，第 3—4 页。

生了上海远东资信评级公司,成为中国第一家独立于银行体系之外的地方性信用评级机构。1992年10月,作为中国人民银行总行批准的第一家全国性评级公司,中国诚信证券评估有限公司成立。在完成政府直接参与设立的初创阶段后,信用评级行业又经历了1992至1996年独立评级机构的发展期,以及1997年以来逐渐形成行业竞争格局的成长期等两个阶段。据初步统计,目前在国内大约有五十家信用评级机构。然而,同国外巨头相比,我国评级机构依然弱小,人员少,素质低,数据匮乏,水平不高,其落后突出表现在:评级结果影响力小,缺乏公信力,不能完全真实地反映风险程度。而且,评级市场运作不规范,缺乏统一的行业规范,随意性强,可比性差。

具体到银行次级债的评级,难度更大。因为对其信用风险,目前尚无非常准确合理的评估。一般只能以国债为基准,考虑信用补偿、税收负担、流动性等因素,更难的则是确定适当的后补偿次级风险度,目前国内尚没有成熟的指标。此次发行次级债,中行和建行都邀请了独立的评级机构进行评级。为建行次级债评级的联合评估有限公司人士表示,评级主要采取了评判银行经营能力的常规指标,比如不良贷款率、资本充足率、流动性等。鉴于由银行担保的企业债都可以评为AAA级,这次建行本身发次级债也评到了AAA级。然而,考虑到次级债既无担保,又要最后受偿的特性,这种看似简单的推论或许值得进一步推敲和检验。此外,随着次级债发行后银行经营情况的变化,评级工作还必须持续进行。总之,作为金融市场的组成分子,信用评级与银行次级债需要共同成长。

新《巴塞尔协议》所带来的变化并没有令所有人满意。有些专家学者认为其原有权重分配的僵化模式并未得到根本改观,更彻底的变革十分必要。这一派较激进人士尤以“金融监管影子委员会”(The Shadow Financial Regu-latory Committee,“影子委员会”)为代表。[12] 该委员会是西方

---

⑫ *See* The Shadow Financial Regulatory Committee, *Improving the Basle Committee's New Capital Adequacy Framework*, 1999.

世界金融领域的重要智库之一，致力于研究金融业的发展趋势和新兴问题，提供解决方案和政策建议。“影子委员会”活跃于美国、欧洲、日本和拉美，其中又以美国“影子委员会”影响力最大。其与美国企业协会（American Enterprise Institute）联系密切，但以独立身份发表主张。成员来自各知名学府和研究机构，以追求金融效率与安全、市场化解决方案以及最小的政府干预为共同理念。⑬

为克服新旧《巴塞尔协议》下“监管投机”（Regulatory Arbitrage）的痼疾，“影子委员会”推出了其“次级债解决方案”，试图充分发挥市场化与激励机制的组合作用。⑭ 根据这一方案，银行将发行占其资产相当比例的次级债券，该次级债券由监管机构控制具体数量、最高利率、到期日、赎回条件以及发行频率。因为利率被锁定，这些次级债券的持有者无法分享银行经营良好时所带来的额外回报。反之，基于次级债券的特性，在银行经营失败时，这些持有者将于最后得到偿付，实际承担损失。与这些人相比，由于风险已固定（所投入股本），而回报无上限，股东一般倾向于推动银行投入冒险项目。普通债权人则由于其权益较有保障，加上能力所限以及“搭便车”心理，往往疏于监督。因此次级债券的持有者（通常是机构投资者）就有最强的动力和能力来关注和监督银行的经营活动。如果银行无法说服潜在投资者购买其次级债券，发行失败，则债务比率与利率上限就起到了限制银行资产扩张风险的作用。如果银行经营不善，已发行次级债券的持有者就会抛售，价格的急剧波动可以为监管者提供预警信号，而次级债券市场上的糟糕表现也会对银行经营者的职位构成压力，形成对经理人的市场约束。

“次级债解决方案”集中体现了“影子委员会”自由派的个性和推崇市场化的风格。事实上，该委员会对这一方案相当自得，先后多次发表声

---

⑬ *See* http://www.aei.org/research/shadow/.

⑭ *See* Calomiris, C. W., *The Postmodern Bank Safety Net*, Washington D. C.: American Enterprise Institute, 1997.

明，加以重申和完善，并力主监管机构强制性要求银行发行一定比例的次级债券。[15] 该方案也得到了美国金融监管当局的高度重视。根据 1999 年美国《金融服务现代化法案》（The Gramm-Leach-Bliley Act）的要求，美国联邦储备委员会与财政部联合对该方案中的建议进行了研究，并于 2000 年底发布了报告。报告基本肯定了“次级债解决方案”的机理，认为金融机构自发发行次级债券确实有助于强化市场约束，但强制性发债的适当性尚缺乏足够证据支持。[16]

不难看出，在“影子委员会”的构想中，次级债券的市场约束作用被发挥到了极致。客观地说，该方案要完全付诸实施，困难很大。首先，作为其工具的次级债券必须符合相当严格的条件，做到真正的无担保，杜绝任何政府或第三方可能救急的预期；而市场买卖也必须是“保持距离型”的（Arm's Length）。对于前者，无法想象我国政府会坐视银行，特别是四大国有银行破产。事实上即使在美国的环境下也难以获得充分保障，因为当认为重整优于清盘时，联邦存款保险公司可以援引 1823（c）（4）款例外，对次级债券持有者施以援手，这样一来这些人监督银行的动力自然会打上折扣。而要确保后者，则意味着增加债券市场监管的成本。其次，该方案的实施涉及监管职能的整合。同样以美国为例，单就前述联邦存款保险公司与美国证监会之间的协同与分工，难度恐怕已不小。再次，从技术角度讲，次级债券市场如何操作还存在很多未知数。比如，其交易究竟应当在哪一层面上进行，是构建一个全球统一的市场，还是在分隔的各国市场开展？最后也是最重要的是，以“次级债解决方案”取代《巴塞尔协议》，面临非常巨大的政治阻力。巴塞尔协会是各国中央银行、监管者的组织，而《巴塞尔协议》一直被视为国际合作的结晶，是金融和法制全球化的一大成功范例。相对新旧《巴塞尔协议》之间较为平滑的过渡，“次级

---

⑮ For example, *see* The Shadow Financial Regulatory Committee, *Requiring Large Banks to Issue Subordinated Debt*, 2001.

⑯ Ibid.

债解决方案"具有很强的颠覆性,"市场化监管"很有可能被理解为是"监管让位于市场"、"削弱监管"的含蓄表达。古今中外,甘于自削权力的政府或政府机构实在寥寥。基于以上因素,"次级债解决方案"目前也只能停留在建议阶段。多数研究者担心这种急剧制度转型所蕴涵的巨大风险,认为仅有良好的愿望和理论上的可行性不能保证理想的结果,毕竟1982年的《储蓄机构法案》(《加恩—圣杰曼法案》,Garn St. Germain Act)及其所诱发的美国储贷协会严重危机殷鉴不远。⑰

无论如何,"影子委员会"的方案帮助人们进一步认识了次级债券的重要作用。然而,中行、建行的发债实践再一次提示我们,即便是非常有限的市场约束功能,要想在我国目前条件下有所发挥,依然非常不易。首先,对于私募发行的次级债券以及通过私募方式募集的次级定期债务,由于转售方面存在很大局限,市场空间极为逼仄,约束功能自然难以发挥。其次,如前所述,由于出现大规模的银行间交叉认购,即便是所谓公开发行的次级债券,其发行和持有的市场化程度也存在疑问。最后,对经理人的约束也好,给监管者的预警也罢,市场约束功能必须通过交易和价格变化来反映和实现。中行次级债券从8月27日起上市流通,上市首日便以零交易结束。在接下来的3个交易日中,也只零星出现几笔对中行次级债券的报价,虽然卖出方的报价已经跌破了面值,但并无什么买家。建行次级债券上市后,交易同样冷清。时至今日,局面未见改观。虽然存在升息预期影响整体债市的宏观因素,出现这种情况其实并不出人意料,因为考虑到认购持有格局以及发行时的偏低利率,如果交投活跃反而是不正常的。看来,中国人民银行和银监会的完美设想要得以实现,次级债的市场约束功能要有所发挥,任务还相当艰巨。

⑰ 参见郭雳:《RTC:美国的金融资产管理公司》,载吴志攀、白建军主编:《金融法苑精华版—海外金融法》,法律出版社2004年版,第77页。

三、次级债券发行的相关问题

我国目前发行和计划发行的银行次级债券规模已经达到2500亿元。希望银行次级债的发展一路走好,就必须认真研究其发行工作中遇到的问题,而首先需要关注的显然包括谁发债、谁购买以及如何发等课题。

发行次级债补充资本推动四大国有银行顺利改制上市,无疑是这次银行次级债热潮的源动力。全国性股份制商业银行纷纷兴债,称得上是应时而动。《商业银行次级债券发行管理办法》还特别规定:"政策性银行发行次级债券适用本办法"⑱,与某些政策性银行寻求突破的愿景也颇为吻合。相比之下,为数众多的城市商业银行就显得有些尴尬。目前在存款类银行机构总数中,城商行所占比例高达33%,但在资产总额中仅占6.27%,在存款总额中仅占6.67%,在贷款总额中仅占6.14%。要生存、要发展,资本金的瓶颈必须突破。从条文来看,《商业银行次级债券发行管理办法》对于符合其规定条件的城商行发债没有特别限制。但对于绝大多数城商行来说,想搭上这轮次级债热,操作起来困难重重。

其一,《商业银行次级债券发行管理办法》要求:"商业银行发行次级债券应聘请证券信用评级机构进行信用评级。证券信用评级机构对评级的客观、公正和及时性承担责任。"⑲取得必要的评级,对于城商行难度不小。目前,国外评级机构对我国银行的公开信用评级,还限于国有商业银行和全国性股份制银行,甚至对后者也未囊括,更极少涉及到城商行。⑳而如前所述,国内评级机构对于大银行次级债的评级尚无章可循,对于资料匮乏的城商行更加无从下手。《股份制商业银行风险评级体系(暂行)》虽已公布,银监会将根据评级结果确定对股份制商业银行现场检查

⑱ 《商业银行次级债券发行管理办法》第40条。

⑲ 《商业银行次级债券发行管理办法》第15条。

⑳ 参见凌华薇、李勇:《来自标普的警示》一文附表,载《财经》总第97期,2003年12月。

的频率、范围和依法采取的其他监管措施，但目前已进行此项工作的城商行为数甚少。面对可能隐患重重的城商行，考虑到将承担的责任，评级机构裹足不前可以理解。

其二，与评级难紧密相关的是城商行信息披露工作方面的滞后。2002年5月21日，我国颁布实施了《商业银行信息披露暂行办法》，但其对城商行却网开一面，规定"本办法自公布之日起在除城市商业银行以外的商业银行范围内施行。城商行自2003年1月1日起到2006年1月1日分步施行本办法"[21]。而截至2004年底，城商行中只有上海银行进行过信息披露，银监会曾指定三十多家城商行进行信息披露试点，但进展甚微。如前所述，银行次级债市场约束作用的发挥十分依赖于信息披露的及时、准确和完整。《商业银行次级债券发行管理办法》对有关信息披露也作出了专章规定（第五章）。[22] 城商行要想短期内在这一问题上达标，殊为不易。

即便是能够满足所有条件，从成本收益角度分析，城商行对于发行次级债券也会有所踌躇。发行规模越大，发行成本就可以被摊薄。据统计，所有者权益10亿元以上的城商行仅6家，多数在2、3亿之间，而四大国有商业银行均在1000亿元以上，10家全国性股份制商业银行（除恒丰银行）行均所有者权益也为71.78亿元。核心资本的匮乏制约着次级债空间，如此小的额度，值不值得发债，发债时的利率合不合算，确实颇费思量。四大银行的地位、底气和所享有的政策支持，毕竟不是谁都具备的。

由此可见，作为卖家，城商行更多地恐怕只能退而求其次，在以私募方式募集次级定期债务上动脑筋、做文章了。即便如此，其前景也并不乐观。保监会将保险公司投资商业银行次级债务的范围限定在四大国有商

㉑ 《商业银行信息披露暂行办法》第31条。

㉒ 对发行人信息披露的要求主要包括两个方面，一是对发行人财务经营状况的披露，二是与次级债券发行相关的有关内容披露。

业银行和全国性股份制商业银行所发行的次级债。㉓ 失去了保险公司这一类投资者，无论是发行次级债券，还是私募次级债务，城商行要取得成功都将变得更加困难。

同样地，作为买家，城商行似乎也无足轻重。由于《商业银行次级债券发行管理办法》规定，商业银行持有其他商业银行发行的次级债券余额不得超过其核心资本的 20%，以行均资本金二三亿元计算，城商行可持其他商业银行次级债券额仅为区区四五千万元。因此从整体上看，绝大多数的城市商业银行在次级债的问题上，再次非常不幸地沦为一个边缘角色。

相比之下，保险公司的境遇要有利得多。既然中国政府已决意利用次级债这一工具帮助解决银行困局，继续将其套用于保险公司显得顺理成章。同时，相对银行互相认购持债所引发的争议，保险公司则是令各方都能满意的商业银行次级债券购买者。基于其特殊性质，国外银行次级债主要由机构投资者持有，私募的次级债券或债务更是对个人投资者的进入施加严格的限制。审视国内现状，伴随着保险业尤其是寿险业的快速发展，保险资金业已成为资本市场的最主要资金来源。保险公司是基金的最主要投资者，也是国债与企业债的最大买家，成为中国资本市场主要的机构投资者。相比尚不成熟的其他各类机构，保险公司确实是目前最重要也最合适的一类买家。

对我国保险业来说，低效益的增长与资金运用途径的狭窄，一直是阻碍其进步的严重问题。㉔ 虽然银行次级债券本身求偿位次低，但考虑到其背后的国家政策支持和隐性担保，实际风险仍然较小，保险公司还是乐于吃进。在兴业银行与招商银行发行的合计 65 亿元次级债中，保险公司就认购了 55 亿。中国人寿和新华人寿分别购买了兴业银行 10 亿元次级

㉓ 中国保监会：《关于保险公司投资银行次级定期债务有关事项的通知》，2004 年 3 月 29 日。

㉔ 参见康伟平：《在股改上市年之后的保险业》，载《财经》总第 100 期，2004 年 1 月，第 97 页。

债，太保集团则独享招商银行35亿元次级债，而华夏、光大、中信实业等银行的次级债也主要面向保险公司发行。同样，保险公司也是中行、建行次级债券的大买家。例如，在中行发行次级债时，中国人寿的认购量就仅次于建行，居于第二位。

值得注意的还有监管规则的调整。2004年3月29日，保监会公布《关于保险公司投资银行次级定期债务有关事项的通知》，规定保险公司应严格按照规定的比例投资次级债。投资次级债的余额按成本价格计算不得超过本公司上月末总资产的8%；投资一家银行发行的次级债比例不得超过本公司上月末总资产的1%；投资一期次级债的比例不得超过该期次级债发行量的20%。保险公司只能投资国有独资商业银行和全国性股份制商业银行发行的次级债。

2004年6月25日，保监会发布《关于调整保险公司投资银行次级债券、银行次级定期债务和企业债券比例的通知》，将保险公司投资一家银行发行的次级定期债务累计占该保险公司上月末总资产的比例由1%调整为2%。更为重要的是，该通知对保险公司所投资的银行次级债券[25]，作出了特别规定："保险公司投资次级债券的余额按成本价格计算不得超过该保险公司上月末总资产的15%，投资一家银行发行的次级债券比例累计不得超过该保险公司上月末总资产的3%，投资一期次级债券的比例不得超过该期次级债券发行量的20%"。不难发现，后一通知将次级债券与次级定期债务进一步加以区分，并允许更多的保险资金投入银行次级债市场，显示了不同领域监管者之间彼此协同，互相配合，推动金融机构次级债发展的意图。为有源头活水来，比起银行系统内部资金循环，保险资金的进入更有利于银行资本状况的改善。当然，更多其他类型机构投资者的发育和参与，还将为银行次级债市场增添新的活力。

借由各家银行的实践，次级债的发行也渐趋成熟和多样化。比如建

---

[25] 通知规定这些银行次级债券应当是"经中国人民银行和中国银行业监督管理委员会批准发行，符合《商业银行次级债券发行管理办法》规定的银行次级债券，并纳入金融债券管理"。

设银行发行的首批次级债,采用了固息和浮息相结合。前五年的票面年利率为4.87%,如发行人不行使赎回权,则固定利率债券后五年利率上升为7.67%,浮动利率债券后五年利率上升为基准利率加2.75%。在发债方式上,也采取了国际通行的簿记建档,使价格发现过程更加完整,而所形成的投资结构相对分散。保险公司、商业银行、农信联社、政策性银行、企业年金、财务公司及一般企业都成为建行次级债券的持有者,商业银行之外的机构投资者占投资者总数的67.9%,认购金额占债券发行总额的61.2%。据悉,各行后续次级债发行时还将有进一步的创新。

还有研究预测次级债的品种也将会日益丰富,向海外市场发行的次级债、可赎回次级债、可转换次级债等都可能在适当时候放开限制,包括国际上常见的、能减少非资本折扣期间利息损失的可赎回加息票型次级债。[26] 此外,笔者认为,伴随着对国外机构投资者限制的放松,应考虑让其更多地进入银行次级债的市场,包括持有以私募方式发行募集的次级债,借助这些战略投资者的力量来强化市场约束。当然无论是次级债券,还是其他次级定期债务,由于其风险要大于商业银行的其他负债,发行银行必须对它们的风险予以充分揭示,因为这是投资者风险自担原则的前提条件。

世界范围内的资本流动不断加快,全球化的趋势难以逆转,以《巴塞尔协议》为代表的通行规则在变革中推广,次级债等工具丰富着金融监管的内容。中国的银行改革任重道远。次级债有助于迅速改善银行资本状况,并引导市场约束的观念,但它毕竟只是这场大变局中的一个步骤和组成部分。唯有真正优化产权结构,真正转换经营机制,真正提高盈利能力,才可能做到因时制宜,变中求通。

---

[26] 参见耿群:《商业银行发行次级债补充资本金的路径选择》,载《中国金融》2004年第4期。

第二章 混业经营

金融控股公司还是全能银行?

——《商业银行法》第43条修订之思考

21世纪的银行业是什么样的? 各国银行将怎样同国际竞争者相抗衡? 这是每个国家都面临的问题。为回应这个问题,欧盟颁布了《银行业第二指令》作为管制金融领域的法律[①],从而希冀培育一个世界上最少管制的全能银行业(universal banking)市场。[②] 美国1999年12月12日通过的《金融服务现代化法》(the Gramm-Leach-Bliley Act,GLB)最终废止了其1933年银行法中严格隔离商业银行业和证券业的"格拉斯—斯蒂格尔法案"(Glass-Steagall Act)。[③] 在此之前,作为结束其旷日持久的经济萧条措施的一部分[④],日本率先推倒了其在二战后仿效美国样式所树立起的所谓的"格拉斯—斯蒂格尔墙"。[⑤]

借鉴美国的经验,同时也是出于自身的需要,中国在其1995年《商业银行法》等法律中加入了类似于"格拉斯—斯蒂格尔法案"的规定,禁止商

---

① The European Union issued the Second Banking Directive on December 15, 1989 and the member states were required to implement it into law by January 1, 1993. *See infra* Part Ⅲ.

② *See* Jonathan R. Macey & Geoffrey P. Miller, *Banking Law and Regulation* (2d ed. 1997), at 723.

③ PL 106—102, 113 Stat. 1338.

④ *See* Brian Arthur Pomper, *The Japanese Financial Reform of 1993: Will Reform Spark Innovation?* 28 Cornell Int'l L. J. 525, 525—529 (1995).

⑤ *See* Sarah A. Wagman, *Laws Separating Commercial Banking and Securities Activities as Impediment to Free Trade in Financial Services: A Comparative Study of Competitiveness in the International Market for Financial Services*, 15 Mich. J. Int'l. L. 999, 1013 (1994).

业银行参与非银行性金融业务如信托、证券业务等[⑥]，并通过进一步的解释，要求商业银行逐步停止或卖出其从事经纪业务的子公司。[⑦] 然而，作为对美国、日本变革的某种回应，2003 年 12 月 27 日中国对上述法律条款进行了修订，增加了一个例外规定。此举被认为是预示着中国将结束本国“格拉斯—斯蒂格尔式”格局，重启银行混业经营。中国的商业银行是否应采取美国的金融控股公司模式，或者欧洲的全能银行模式？笔者以为，只有在全面了解国外经验并充分考虑国内情况及现实需求的前提下，才有可能就此问题得出切实有益的结论。

本章第一部分讨论中国法律中的有关条文、是次修订及其相关背景。第二部分检讨美国从“格拉斯—斯蒂格尔法案”到《金融服务现代化法》的历史演进和内在逻辑，以及其最主要仿效者——日本的相关情况。第三部分将视线移向欧洲，并着重研究其所谓全能银行模式。第四部分分析为什么无论金融控股公司模式还是全能银行模式，目前都恐怕难以也不应被中国简单化地全盘复制？特别是看似时下潮流所在的金融控股公司模式，其弊端和不确定性更不容忽视。

一、中国的格拉斯—斯蒂格尔法案及其修订

（一）修订前条文

1978 年改革开放之前，中国的银行更像是政府部门，在计划经济框架下履行着配置资金的职能。随着金融机构的市场化改革，银行逐渐走向独立，摸索着成为自主经营的商业主体。[⑧] 为使商业银行能够向安全、流

---

⑥ 1995 年《商业银行法》第 43 条，详见下文第一部分的讨论。

⑦ *See* Eric Girardin, *Banking Sector Reform and Credit control in China*, 15 Colum. J. Transnat'l L 15 (1997).

⑧ *See* Andrew Xuefeng Qian, *Transforming China's Traditional Banking System Under the New National Banking Laws*, 25 Ge. J. Int'l & Comp. L. 479, 481 (1996).

动、效益的健康方向发展，中国于1995年颁布实施了《商业银行法》，总体上确立了银行业与证券业“分业经营、分业管理”的基本框架。[9]《商业银行法》所列举的银行业务范围主要集中于“吸收公众存款、发放贷款、办理结算”等传统项目[10]，而将证券（投资银行）业务排除在外。第43条进一步规定：

“商业银行在中华人民共和国境内不得从事信托投资和股票业务，不得投资于非自用不动产。商业银行在中华人民共和国境内不得向非银行金融机构和企业投资。本法施行前，商业银行已向非银行金融机构和企业投资的，由国务院另行规定实施办法。”[11]

1999年7月起实施的《证券法》重申了上述原则[12]：

“证券业和银行业、信托业、保险业分业经营、分业管理。证券公司与银行、信托、保险业务机构分别设立。（第6条）[13]

国有企业和国有资产控股的企业，不得炒作上市交易的股票。（第76条）[14]

设立证券公司，必须经国务院证券监督管理机构审查批准。未经国务院证券监督管理机构批准，不得经营证券业务。（第117条）[15]

禁止银行资金违规流入股市。证券公司的自营业务必须使用自有资金和依法筹集的资金。”（第133条）[16]

---

⑨ Ibid., at 488.

⑩ 《商业银行法》第3条。

⑪ 该法实施后，商业银行逐步从非银行金融领域退出。

⑫ 《证券法》于2005年10月经全国人大常委会修订，修订后《证券法》自2006年1月1日起施行。

⑬ 修订后《证券法》在原条文基础上增加了“国家另有规定的除外”。（第6条）

⑭ 修订后《证券法》将该条修改为“国有企业和国有资产控股的企业买卖上市公司的股票，必须遵守国家有关规定”。（第83条）

⑮ 修订后《证券法》将该条后半段修改为“未经国务院证券监督管理机构批准，任何单位和个人不得经营证券业务”。（第122条）

⑯ 修订后《证券法》将该条前款修改为“依法拓宽资金入市渠道，禁止资金违规流入股市”（第81条），后一款未改动移至第137条作为第2款。

类似地,《保险法》规定[17]:“经营商业保险业务,必须是依照本法设立的保险公司。其他单位和个人不得经营商业保险业务。在中华人民共和国境内的法人和其他组织需要办理境内保险的,应当向中华人民共和国境内的保险公司投保。”[18]

(二)当时立法目的[19]

毋庸置疑,中国在立法时参照了国外经验和银行体系模式。[20] 出于类似“格拉斯—斯蒂格尔法案”的初衷[21],上述这些条款禁止商业银行资金流入股市,特别是禁止国有银行进入中国刚刚出现的证券市场。

1. 起步阶段的证券市场

中国两个证券交易所先后在1990年和1991年设立[22],正式标志着中国证券业的全面重建。尚处于发展初期的中国证券市场规模相对较小,全部市值仅为年GDP的30%[23],而美国和日本的这一比值分别为252%和144%。可以想见,股票价格经常很不稳定。另一方面,国有公司构成了上市公司中的绝大部分,从而造成了中国证券市场一些独有的特点。

2. “游资”

与东南亚不同的是,在中国股票市场上兴风作浪的“游资”并非是来自于国外的投资组合,因为中国还没有打开其资本项下货币自由兑换的大门。实际上,投机性资金的主要来源往往是商业银行的违规贷款。[24]

随着中国经济的发展,家庭储蓄和企业存款增长很快;但由于外部监管和内部风险控制的加强,银行被禁止或变得不情愿向其原来的主要客

---

⑰ 《保险法》于1995年10月1日起施行,并于2002年10月经全国人大常委会修订。

⑱ 《保险法》第5条、第6条。

⑲ 下文讨论将主要集中于银行和证券领域。

⑳ *See* Bill Shaw & John R. Rowlett, *Reforming the U. S. Banking System: Lessons from Abroad*, 19 N. C. J. Int'l L. & Com. Reg. 91, 113 (1993).

㉑ 详见下文第二部分的讨论。

㉒ 上海证券交易所和深圳证券交易所。

㉓ 股权分置改革启动前,仅有约1/3为流通股。

㉔ 这也是1999年《证券法》规定“禁止银行资金违规流入股市”的原因。

户——国有企业提供贷款。[25] 面对大大超出贷款额的存款,商业银行有强烈的动机为资金寻找投机性的出路,以取得更大的收益。[26] 在这一过程中,银行经常把资金转移给其关联的信托投资公司,这些信托投资公司可以直接从事证券业务或把资本再投资于证券公司。通过这样或那样的安排,商业银行得以逃避针对其自身的国家信贷控制。[27]

在中国现今的金融体系中,商业银行扮演着主要的角色[28],而其中居于支配性地位的又是四大国有商业银行。[29] 利用来自这些银行的资金所进行的操纵证券行为,会对中国股票市场造成巨大破坏,进而摧毁银行本身,甚至最终摧毁整体经济。出于这些考虑,中国决定在商业银行和其他金融机构之间建立隔离,并强制要求银行关闭其直接下属的信托投资公司。[30]

表一 中国的主要银行机构[31]

类型	银行(成立年份)	资产(人民币,十亿)
政策性银行	国家开发银行(1994)	911.4 (2001)
	农业发展银行(1994)	764.5 (2002)
	中国进出口银行(1994)	n. a.
国有商业银行	中国工商银行(1984)	4800.0 (2002)
	中国银行(1912)	3593.9 (2002)
	中国建设银行(1954)	3083.0 (2002)
	中国农业银行(1951)	2976.6 (2002)

[25] *See generally* Solomon M. Karmel, *Securities Markets and China's International Economic Integration*, 49 J. Int'l Affairs 525 (1996).

[26] *See* "Deposit Figures Highlights Progress", *South China Morning post*, Sept. 14, 1995, at 6.

[27] *See* Anjali Kumar et al., "China's Non-Bank Financial Institutional & trust and Investment Companies" (The World Bank, Discussion Paper No. 358), at 11 (1997).

[28] *See* Dede Nickerson, Business, *South. China Morning Post*, May 15, 1995, at 4.

[29] 即中国工商银行、中国银行、中国建设银行、中国农业银行。

[30] *See generally* Qian, *supra note* 8.

[31] 根据中国银监会披露的数据,截止2003年底,这18家主要银行占到中国大陆全部银行贷款总额的80.74%。See http://www.fcmag.com.cn/jinrongjigou01.htm (cited March 6, 2004).

（续表）

类型	银行(成立年份)	资产(人民币,十亿)
股份制银行	交通银行(1908)	669.1 (2002)
	中国招商银行(1987)	500.0 (2003)
	中国民生银行(1996)	361.1(2003)
	中信实业银行(1987)	335.2 (2002)
	中国光大银行(1992)	328.3 (2002)
	广东发展银行(1988)	299.2 (2003)
	上海浦东发展银行(1993)	279.3 (2002)
	华夏银行(1992)	203.7 (2002)
	兴业银行(1988)	177.0 (2002)
	深圳发展银行(1987)	166.2 (2002)
	恒丰银行(1987)	17.5 (2003)

(三) 细微但意义深远的修订

随着日本、美国相继废止了其本国法中的“格拉斯—斯蒂格尔条款”，中国立法当局也不断接到建议，要求修订相关法律进行类似改动。㉜ 2003年8月，国务院采纳了一个温和渐进的修订草案，提交全国人大常委会讨论。㉝ 同年12月27日，全国人大常委会通过了对《商业银行法》的37项修订㉞，其中包括对前述第43条的补充规定：

“商业银行在中华人民共和国境内不得从事信托投资和证券经营业务，不得向非自用不动产投资或者向非银行金融机构和企业投资，但国家另有规定的除外。”

㉜ For example, *see* “Lianzhou, Wang Calls for Finalizing the Separation between Banking and Securities Industries” (Kezhen, Wang reported), http://news1.jrj.com.cn/news/2003-09-04/000000638695.html (cited Sept. 22, 2003). Mr. Lianzhou, Wang was a renowned scholar and one of the key drafters of Securities Law in China.

㉝ *See* “The Proposed Revision Adopted by the State Council on Commercial Bank Law” (Xu Wang reported) http://finance.tom.com/Archive/1001/1004/2003/8/14-52370.html (cited Oct. 2, 2003).

㉞ 该修订于2004年2月1日起生效。

对许多普通人而言,“但国家另有规定的除外”这十个字的但书似乎毫不起眼,但金融界和法律界对此则高度关注。补充这一例外规定意味着国务院或其部门在认为适当时,可以颁布法规规章,授权商业银行进行证券经营活动。[35] 此外,《证券法》相关条文也于2005年10月进行了类似的修订。[36]

《商业银行法》修订后,中国银行是否退回原有的全能银行模式,还是应继续师法美国,复制其金融控股公司模式?笔者特别担心两种模式的缺陷、不确定性以及对中国现实情况的不适应性被忽视。既然是舶来品,那么对国外经验的深入研究当然非常必要。

二、美国与日本:从“格拉斯—斯蒂格尔法案”到金融服务现代化法

(一)“格拉斯—斯蒂格尔法案”

在美国,被监管得最严格的行业之一就是银行业。[37] 其中的一些监管主要是由历史原因形成的,另一些则是出于特定的政策目标而建立。[38] 就“格拉斯—斯蒂格尔法”而言,确切地讲或许是这两种情况兼而有之。

该法律颁布之前,尤其是20世纪20年代,自由银行体制大行其道。[39]

---

[35] *See* “Zhengqing, Zhou Talks on the Forthcoming Revision of Securities Law ” (Li Xue & Linhao Lei reported) , http://www. fsi. com. cn/celeb300/visited303/303_0312/303_03123001. htm (cited March 1, 2004). Mr. Zhengqing, Zhou is the former chairman of China ' s Securities Regulatory Commission (CSRC) , and currently serves as the Associate Chairman, Fiscal & Financial Sub-Committee, to the Standing Committee of China ' s National People ' s Congress. He is also in charge of the ongoing revision of Securities Law.

[36] *See supra* note 13.

[37] *See generally* Macey &Miller, *supra note* 2.

[38] *See generally* Alfred Lewis & Gioia Pescetto, *EU and US Banking in the 1990s* (1996).

[39] *See* Casey K. McGarvey, *Federal Regulation of Bank Securities Activities: Will Congress Allow Glass-Steagall to Shattered?*, 12 J. Contemp. L. 99, 103—104 (1986).

1927 年 McFadden 法出台[40],明确允许那些由联邦政府特许成立的商业银行从事证券业务[41];在此前后,其他商业银行也大肆向传统投资银行业务领域扩张[42],这种状况一直持续到 1929 年股市大崩盘及随后“大萧条”的降临。[43]

在反思“大萧条”和起草 1933 年《银行法》的过程中[44],美国国会参议院银行事务委员会举行了一系列听证会,其间许多很有影响力的议员和专家发表意见,对商业银行在证券业务领域的舞弊行径进行了谴责,认为这种跨行业扩张行为招致了美国金融业的崩溃,应对 1929 年至 1933 年间 40% 的商业银行破产的事实负责。[45] 这一结论在当时的情况下听起来非常地令人信服,于是主流观点逐渐倾向于如下的认识,并以此构建了新的法律框架:比照商业银行为公共存款负责的属性,投资银行业更具风险性和投机性,因此将二者混合起来经营是不恰当的。[46]

“格拉斯—斯蒂格尔法案”实际上是 1933 年《银行法》中第 16、20、21、32 等条款的一个更为人知的别称。这些条款正体现了上述思想。具体来说,第 16 节规定除例外情况,商业银行不得从事证券业务中的某些活动,如证券的承销、出售和交易。[47] 第 21 节禁止投资银行从事商业银行所从事的吸收存款、发放贷款业务。[48] 第 32 节禁止任何从事或主要从事投资银行业务中任一领域的个人成为国民银行或州特许设立银行的官

---

[40] *See* Pub. L. NO. 639, 44 Stat. 1224 (1927).

[41] *See* Bernard Shull & Lawrence J. White, *The Right Corporate Structure for Expanded Bank Activities*, 115 Banking L. J. 446, 451 (1998).

[42] *See* Macey & Miller, *supra note* 2, at 496.

[43] Ibid.

[44] Banking Act of 1933, Pub. L. No. 66, 48 Stat. 162 (1933).

[45] *See* Joseph J. Norton & Christopher D. Olive, *The Ongoing Process of International Bank Regulatory and Supervisory Convergence: A New Regulatory—Market "Partnership"*, 16 Ann. Rev. Banking L. 227, 259—260 (1997).

[46] *See generally* Joan M. LeGraw & Stacey L. Davidson, *Glass-Steagall and the "Subtle Hazards" of Judicial Activism*, 24 New Eng. L. Rev. 225 (1989).

[47] 12 U. S. C. sec. 24 (1994).

[48] 12 U. S. C. sec. 378 (1994).

员、董事或雇员[49],从而避免两类金融机构之间的人员交叉和利益冲突。[50]

第20节尤其值得注意。该条禁止银行与任何“主要从事”发行、承销、公开出售或销售股票、债券、票据或其他证券的公司之间建立关联从属关系。[51] 对比第16节和第21节所使用的“从事”一词,此处表述似乎意味着可以采取一种相对宽松的标准来进行判断。[52] 实际上,这个经常被引用的术语业已成为美国法律中的一个经典概念。正是由于它的存在,才为其后诸多的行政和司法解释创造了空间;不夸张地说,它在“格拉斯—斯蒂格尔墙”上留下了一道裂缝,并最终促成了墙体的坍塌。[53]

(二)发展演进与银行控股公司

1. 原因

在“格拉斯—斯蒂格尔法”出台后的头三十年中,无论是监管者还是司法界都没有对其给予太多的重视,这或许是因为当时的证券业还未像今天这样引人注目。[54] 接下来的四十年则可谓风云突变,商业银行有了越来越多的理由去挑战“格拉斯—斯蒂格尔法案”所设定的法律限制,以下的两点被认为是个中最突出的原因[55]:

其一,就美国国内来看,始于20世纪60年代并在80年代风起云涌的技术进步与金融创新加剧了对市场及制度分割的侵蚀和瓦解。[56] 大型的非银行金融机构参与到原先由商业银行主导的行业,迫使后者向原先被

---

[49] 12 U. S. C. sec. 78 (1994).

[50] *See* Joseph J. Norton, *Up Against "The Wall": Glass-Steagall and the Dilemma of a Deregulated ("Regulated") Banking Environment*, 42 Bus. Law. 327, 333 (1987).

[51] 12 U. S. C. sec. 377 (1994) (emphasis added).

[52] *See* Norton, *supra note* 50.

[53] *See* Norton and Olive, *supra note* 45, at 262.

[54] *See* Norton, *supra note* 50, at 334.

[55] For unsuccessful challenges by banking industry and its regulators, specially the OCC, *see Baker, Watts & Co. v. Saxon*, 261 F. Supp. 247 (D. D. C. 1966), aff'd sub nom., *Port of N. Y. Auth. v. Baker*, Watts & Co., 392 F. 2d 497 (D. C. Cir. 1968).

[56] *See* Andrew Crockett, *The Future of Banking Regulation*, EUROMONEY, Sept. 1995, at 272—273.

隔离的证券领域扩展业务以保持竞争力。[57] 一方面,投资银行小心翼翼地避开"格拉斯—斯蒂格尔法案",侵入到传统的商业银行业务领域。比如,其通过一种名为"非存款性存款(non-deposit deposit)"的形式来变相吸储,该形式类似于支票账户存款,使用十分方便;而同时又可不必遵循有关联邦存款保险及资本储备的法律要求,从而降低了成本,极大地强占了银行的固有市场。[58]

另一方面,商业银行也越来越多地承受着源于储贷协会(thrift institutions)的竞争压力,而20世纪80年代美国对后者监管的放松又在很大程度上强化了这种压力。[59] 与此同时,金融领域的"脱媒"潮流大大减少甚至是剥夺了原来由商业银行所享有的获利机会,从而迫使它们在绝境中寻求其他的业务空间。[60]

其二,在世界范围内,金融市场的全球化和其他发达国家竞相放宽对金融服务业的管制,极大地削弱了美国金融机构的竞争地位,特别是将美国的商业银行置于非常不利的境地。[61] 美国金融界为此忧心忡忡,而这种担心也通过其行业游说团体屡屡被反映到监管机构以及美国国会。[62]

与业界的这一动向相配合,学者们开展了大量的研究工作来为金融混业经营辩护。其中的一些研究表明:(1) 1933年以前由商业银行承销的证券发行中的违规情况要少于由投资银行负责承销的类似发行[63];稍后

---

[57] *See* Norton and Olive, *supra note* 45, at 231.

[58] *See* Jonathan R. Macey & Geoffrey P. Miller, *Non-deposit Deposits and the Future of Bank Regulation*, 91 Mich. L. Rev. 237, 237 (1992).

[59] *See generally* Lawrence J. White, *The S&L Debacle: Public Policy Lessons for Bank and Thrift Regulation* (1991).

[60] *See* Lewis & Pescetto, *supra note* 38, at 116.

[61] *See generally* The Office of the Comptroller of the Currency News Release, OCC NR 97—34, at 1 (Mar. 24, 1997).

[62] Ibid., at 2. *See also* Lewis & Pescetto, *supra note* 38, at 192.

[63] *See* Randall S. Kroszner & Raghuran G. Rajan, *Is the Glass-Steagall Act Justified? A Study of the U.S. Experience with Universal Banking Before* 1933, 84(4) Am. Econ. Rev. 810 (1994).

的研究也发现商业银行承销的股票发行价高于投资银行承销的同类股票。[64](2)商业银行和投资银行混业经营有利于提高整体效益,在提供信贷服务或承销服务时,可以实现信息资源共享和规模效应。[65](3)中小型的公司可以通过它们的银行来承销证券进行融资,由于原先已存在信贷关系,由商业银行提供这种金融服务显得十分便宜。[66] 除此之外,有学者坚持完善的证券监管体系才是防范证券行业违规行为最重要的保障,混业分业其实并非是症结所在[67];既然时下也有了监管严密的证券市场,继续推行"格拉斯—斯蒂格尔法案"就变得非常没有必要了。[68]

2. 方式

银行控股公司(BHCs)的建立是冲破"格拉斯—斯蒂格尔法案"局限的首次尝试。[69] 银行控股公司本身并非银行,它可以被商业银行、投资银行或其他金融机构自由购买和持有,从而最终实现规避"格拉斯—斯蒂格尔法案"规定的目的。[70]

为了"弥补格拉斯—斯蒂格尔法案"的这个大漏洞,美国国会推出了1956年《银行控股公司法》(BHCA),要求银行控股公司停止其来自于非银行业务的收益。[71] 作为一个总的原则,银行控股公司被禁止直接或间接地取得任何一个非银行性公司的控制权。[72] 然而,该法1843节(c)(8)又规定了一项例外:联邦储备委员会可以认可银行控股公司对某一非银行

---

[64] *See* Manju Puri, "*Commercial Banks in Investment Banking: Conflict of Interest of Certification Role?*", 40(3) Journal of Financial Economics 373 (1996).

[65] For example, *see* Nicholas Economides & David Encaoua, *The Economics of Networks*, 14(6) International Journal of Industrial Organization 673 (1994).

[66] See Kroszner & Rajan, *supra note* 63, at 810—832.

[67] *See* William M. Isaac & Melanie L. Fein, *Facing the Future: Life Without Glass-Steagall*, 37 Cath. U. L. Rev. 281 (1988).

[68] *See* Robert M. Kurucza & Barry I. Pershkow, *Securities and Investment Activities of Banks*, 53 Bus. Law. 1145, 1154 (1998).

[69] *See* Lewis & Pescetto, *supra note* 38, at 74.

[70] Ibid.

[71] *See* Norton & Olive, *supra note* 45, at 264.

[72] 12 U. S. C. Section 1841, 1842 (1994).

性公司的收购或控制，只要“（后者的）业务与银行业务的关联程度，或与对银行实施管理和控制之行为的关联程度是如此的紧密，以至于可以被认为属于银行业务的附属业务”。[73] 因此，该节(c)(8)所规定的子公司，就往往可以被解释为符合“格拉斯—斯蒂格尔法案”第20节的规定，成为银行控股公司借以从事证券业务的工具。[74] 在之后的实践操作中，根据其颁布的Y条例[75]，联邦储备委员会又逐渐发展出了两条标准来审查银行控股公司要求从事证券业务的申请：“密切关联”标准和“正当附属”标准。[76]

出于与“格拉斯—斯蒂格尔法案”相同的考虑[77]，在1987年和1989年，联邦储备委员会相继发布了28条禁令，这些禁令被统称为“第20节防火墙”。[78] 这些防火墙的规定被用来限制银行控股公司内部的金融交易和信息交流。[79] 不过到了1997年，联邦储备委员会最终抛弃了这些防火墙规定中的大部分内容。[80] 与此同时，联邦储备委员会逐步提高了银行控股公司从非银行业务中获利比例的上限：从最初的5%增加到25%。[81] 显然，在蒸蒸日上的银行控股公司的冲击下，伴随着联邦储备委员会富有开拓意味的“扩张性解释”，格拉斯—斯蒂格尔墙上的裂缝被越扯越大。[82]

无独有偶，另一项对“格拉斯—斯蒂格尔法案”的消解工作也在国民银行序列悄然进行着。同样，这也主要归功于该领域的监管者——货币监理署（OCC）所作的以自由化为取向的类似开放性解释。[83] 一言以蔽之，

---

[73] *See* Keith R. Fischer, *Rewarding the Safety Net: Bank Diversification into Securities and Insurance Activities*, 27 Wake Forest L. Rev. 123, at 146.

[74] *See* Norton & Olive, *supra note* 45, at 265.

[75] *See* 12 C. F. R. Section 225.25 (1996), the Fed in Regulation Y has promulgated a list of permissible non-banking activities that it considers closely related.

[76] *See* Norton & Olive, *supra note* 45, at 266.

[77] 即控制银行自己或通过附属机构从事高风险的证券活动。

[78] *See* Development in Banking Law: 1997 Ann. Rev. Banking L. 2, 95—96.

[79] *See* Shull & White, *supra note* 41, at 458—459.

[80] *See supra note* 78, at 102—103.

[81] Ibid., at 6—7.

[82] *See generally* Daniel R. Fischel et al., *The Regulation of Bank and Band Holding Companies*, 73 VA. L. Rev. 301 (1987).

[83] *See* Norton & Olive, *supra note* 45, at 277.

货币监理官授权国民银行及其子公司从事越来越多的证券业务或与投资银行相关的其他业务。

进入20世纪90年代,伴随着联邦储备委员会和货币监理官扩张性的规则解释及美国最高法院判例形式的支持,上述放松监管的趋势变得愈发清晰。[84] 同时,学者们的研究也在继续为其提供支持。例如Santomero和Chung针对1985至1989年期间的研究就认为,如果银行控股公司当时被允许进入保险和证券业,其经营失败的可能性本可大大降低。[85] 相应地,作为对来自金融业及其监管者改革呼声的回应,每年都有关于废除"格拉斯—斯蒂格尔法案"的议案被提交,并在国会两院引起非常激烈的争论,直至1999年最终突破的出现。[86]

(三)金融服务现代化法与金融控股公司模式

《金融服务现代化法》主要规定了如下内容:

首先,《金融服务现代化法》明确废除了前述"格拉斯—斯蒂格尔法案"中的第20、32节,取消了对银行和证券公司间关联关系及人员交叉的禁令。[87]

其次,通过修改上述的《银行控股公司法》,加入适用于"金融控股公司"的条款,该法创设了新的控股公司的架构。[88] 根据《金融服务现代化法》,从事商业银行业务、投资银行业务和保险业务的公司可以由一个金融控股公司来持有或经营,只要其所从事的业务"为金融性质或属于该种金融业务的附属业务,或属于对该金融业务的补充且不会引起实质性的

---

[84] For those judicial opinions, *see generally* National *Bank v. Variable Annuity Life Ins. Co.*, 513 U. S. 251 (1995); *Clarke v. Securities Indus. Ass'n*, 479 U. S. 388 (1987).

[85] *See* Anthony Santomero & Eek-June Chung, *Evidence in Support of Broader Bank Powers*, 1(1) Financial Market, Institutions and Instruments 1—69 (1992).

[86] 之前历次议案的被否决,很大程度上归因于银行和证券行业各自某些既得利益集团的阻挠,以及监管权力归属之争。相反,花旗银行和旅行者集团的合并,被认为是1999年议案最终获通过的强大推力。

[87] *See* Section 101.

[88] *See* Section 102.

风险……”。[89] 这样一来，金融控股公司被允许从事的非银行业务就从“与银行业务有关的”限定中摆脱出来，扩展到“具有金融性质的”的广泛空间。[90]

《金融服务现代化法》进一步给出了详细的清单，其中列明了被许可经营的金融业务种类。[91] 对于那些没有在清单上出现的业务，如果联邦储备委员会认定该项新业务属于金融性质，那么就应允许金融控股公司开展。[92] 为了方便其进行判断并增加决策的说服力及可预见性，法案还特别规定了联邦储备委员会“应予以考虑的因素”。[93] 同时在程序方面，法案要求联邦储备委员会在作出决定前会商财政部，后者对联邦储备委员会的决定拥有最终否决的权力。[94] 上述权力分配实际上也是联邦储备委员会和财政部两大机构角力与妥协的产物，在整个立法过程中，两位时任重量级人物联储主席格林斯潘与财长鲁宾的态度都起到了左右局势的关键作用。

再次，《金融服务现代化法》隐含地指定联邦储备委员会为金融控股公司的全盘监管者（umbrella regulator）[95]，而对商业银行、投资银行和保险

---

[89] *See* Section 103 (a) (1).

[90] *See* 12 U. S. C. § 1843 (c)(3), BHCA.

[91] *See* Section 103 (a) (4).

[92] *See* Section 103 (a) (1).

[93] *See* Section 103 (a) (3), which includes "(A) the purposes of this Act; (B) changes or reasonably expected changes in the marketplace in which financial holding companies compete; (C) changes and reasonably expected changes in the technology for delivering financial services; and (D) whether such activity is necessary or appropriate to allow a financial holding company and the affiliates of a financial holding company to (a) compete effectively with any company seeking to provide financial services in the United States; (b) efficiently deliver information and services that are financial in nature through the use of technological means, including any application necessary to protect the security or efficacy of systems for the transmission of data or financial transactions; and (c) offer customers any available or emerging technological means for using financial services or for the document imaging of data."

[94] *See* Section 103 (a) (2); such authority is considered to obtain as the result of Treasury's strive, and a compromise reached between it and the FRB.

[95] *See* Section 111; *see also* Clyde Mitchell, *H. R.* 10-*So Near and Yet So Far*, N. Y. L. J., Oct. 21, 1998, at 3.

公司实施功能性监管的权力被授予了其他适当的监管者。[96] 其中,商业银行的活动将依其类别分别服从联邦储备委员会、货币监理署、联邦存款保险公司或相应的州银行监管部门的监管;证券交易委员会(SEC)负责监管投资银行业务;各州保险监管者将监管保险活动。[97]

投合一些利益集团的要求,《金融服务现代化法》要求联邦储备委员会应对功能性监管者的决定给予尊重[98],金融控股公司的子公司已被实施功能性监管的部分,联储的检查权应加以限制:只有当其有合理原因认为该子公司从事业务活动引起了关联公司的实质风险[99],或在其他特定的情况下,才可行使其检查权。[100] 此外,该法确定"危及存款机构安全和稳固的重大风险"属于一个前述的合理原因[101],并分别准予货币监理署、联邦储备委员会和联邦存款保险公司设定相应的限制和条件。[102]

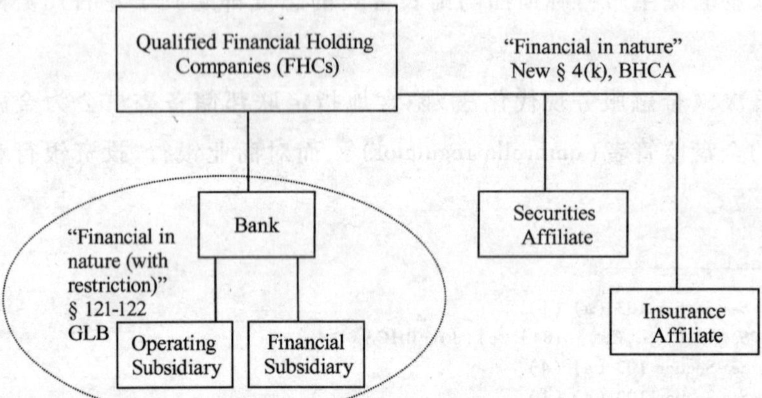

图一　美国《金融服务现代化法》下新架构

---

[96] *See* Section 111; *see also* Clyde Mitchell, *H. R. 10-So Near and Yet So Far*, N. Y. L. J., Oct. 21, 1998, at 3.

[97] *See* Section 112.

[98] *See* Section 111 (2) (D) (E).

[99] *See* Section 111 (2) (B) (i) (emphasis added).

[100] *See* Section 111 (2) (B) (ii) (iii).

[101] *See* Section 114.

[102] Ibid.

总体而言,美国证券市场对《金融服务现代化法》的通过反应积极。当克林顿总统签署颁布这项法律时,商业银行和投资银行的股价都有上扬。[103] 此外研究表明,当时市场特别青睐于那些已经借助前述第20节所允许附属机构、部分地介入到证券经营领域的银行控股公司的股票。[104]

(四)日本:与时俱进的仿效者

20世纪的大部分时间内,日本银行体系是被高度地专业化分隔的,不同的金融机构分别专营特定的产品。[105] 二战后,日本以全球最主要的效仿美国分隔监管模式的发达国家而闻名。[106] 由于美国在占领日本期间的强烈要求,日本颁布了《证券交易法》,其中第65条仿照"格拉斯—斯蒂格尔法案",在商业银行和投资银行之间设立了严格的隔离。[107]

20世纪80年代以后,日本的银行开始尝试进入证券领域,并游说国会废止上述《证券交易法》第65条,证券公司则予以抵制。[108] 到了90年代,金融泡沫破裂后的日本下定决心创新图存。[109] 1993年颁布的《金融系统改革法》原则上取消了银行与证券公司之间的原有界限。[110] 证券公司被允许提供诸如自动支取、活期存款等类似银行账户的服务。不过,由于日本财政部实施严格的审批限制,当时两类机构的互相渗透事实上并不普遍。[111]

---

[103] *See* Cara Lown, et al, *The Changing Landscape of the Financial Service Industry: What Lies Ahead?* 6 (4, October) Federal Reserve Bank of New York Economic Policy Review 39—55 (2000).

[104] *See* Li Yu, *On the Wealth and Risk Effects of the Glass-Steagall Overhaul: Evidence from the Stock Market*, New York University Working Paper (2001).

[105] *See* Norton & Olive, *supra note* 45, at 279.

[106] *See* Peter J. Ferrara, *The Regulatory Separation of Banking From Securities and Commerce in the Modern Financial Marketplace*, 33 Ariz. L. Rev. 583. 615 (1991).

[107] 也有人认为日本通过银企交叉持股的方式事实上部分规避了这种隔离。

[108] *See* Richard Katz, *Japanese Phoenix: The Long Road to Economic Revival*, M. E. Sharpe (2003), at 212.

[109] *See generally* J. Barth, et al, *Commercial Banking Structure, Regulation and Performance: An International Comparison*, Office of the Comptroller of the Currency Economics Working Paper (1997).

[110] *See* Wagman, *supra note* 4, at 1013.

[111] *See* Richard Katz, *supra note* 108, at 213.

1998年4月1日,日本又实施了《金融体系改革一揽子法》,继续推进金融业的改革。金融控股公司被允许设立以提供一站式的金融服务。[112] 1999年,银行、证券公司、信托公司彼此进入的障碍进一步被去除。[113] 现在日本银行可以通过附属机构的形式经营证券和保险业务,不过银行改组成为控股公司的还不太多见。[114]

监管层面,2001年日本成立了新的金融服务局(Financial Service Agency,FSA)。该机构整合了此前两个过渡性的前身机构:金融监管局(Financial Supervisory Agency)和负责政府向银行注资的金融重整委员会(Commission for Financial Reconstruction)。现在金融服务局审批、检查、监管银行、证券公司和保险公司,同时负责化解金融危机。日本财政部则继续扮演制定政策和草拟金融立法的角色。[115]

三、欧盟:一体化与互动

(一)银行业第二指引之前的模式与德国全能银行[116]

1957年罗马公约签署后,欧洲一直致力于对其金融服务市场放松监管和加强协调。[117] 在银行业第二指引正式执行之前,欧盟存在着三种金融服务模式:(1)全能银行模式,见于德国、意大利、瑞典和荷兰,指取得执照的商业银行可以参与包括证券业务的"一揽子"金融服务活动;(2)混

[112] *See* Richard Katz, *supra note* 108, at 214.

[113] Ibid.

[114] *See* S. Kawai & K. Muraoka, *Banking Regulation in Japan and the Treatment of Foreign Banks*, in the Michael Gruson & Ralph Reisner (eds), *Regulation of Foreign Banks: United States and International*, Chapter 18, Fourth Edition, Michie (2003).

[115] *See* Hal Scott, *International Finance*, 11th edition draft, Chapter 6, 20 (2004).

[116] Second Banking Directive, namely the Second Council Directive on the Co-ordination of Laws, Regulations and Administrative Provisions to the Taking-up and Pursuit of the Business of Credit Institutions and Amending Directive 77/780/EEC.

[117] *See* Lewis & Pescetto, *supra note* 38, at 7—8.

合模式,见于英国、法国和希腊,指单个银行的商业银行业务和证券业务相对自律地由内部“中国墙”加以分隔;(3) 比利时模式,接近于“格拉斯—斯蒂格尔法”的规定,严格限制商业银行从事证券业务。[118]

在德国模式下,全能银行“可以开展种类宽泛的金融服务业务,包括吸收存款、发放贷款、证券的承销、贵金属和藏币的交易、房地产经纪业务[119],这样的银行对19世纪晚期德国迅速完成工业化居功至伟”。[120] William L. Horton, Jr. 曾将德国银行业体制的成功归纳为四个特点[121]:(1) 与实业的紧密联结[122];(2) 独立决策;(3) 胜任的中央银行和主动的监管;(4) 功能专门化,对其实行的“全能银行”体制不无得意。

(二) 欧盟银行业第二指引[123]

对比美国的银行体制,银行业第二指引要求欧盟的银行、证券公司和进入单一市场(single market)的大部分外国机构,组建(engage in)有资格的“全能银行”,从而可以在一个公司实体内从事商业银行和投资银行性质的交易。[124]

为建立一个“平等的竞技场”,银行业第二指引确立了三个原则[125]:(1) 相互承认(mutual recognition),要求如果在欧盟的一个国家内,某种服务可以在一定条件下合法地开展,那么在另一个欧盟国家该业务就不应在同等条件下被禁止。[126] (2) 银行统一许可证制(single banking li-

---

[118] *See* George S. Zavvos, *Banking Integration and 1992: Legal Issues and Policy Implications*, 31 Harv. Int'l L. J. 463, 481—482 (1990).

[119] *See* William L. Horton, Jr., *The Perils of Universal Banking in Central and Eastern Europe*, 35 Va. J. Int'l L. 683, 684 (1995).

[120] Ibid., at 685.

[121] Ibid., at 692.

[122] 例如,德国银行经常在其企业客户的董事会中占据席位,并通过债股转换等形式在公司治理中发挥重要作用。

[123] 严格而论,银行业第二指令已于2000年被整合入新的欧盟指令中,但其主体内容未变。

[124] *See* Norton and Olive, *supra note* 45, at 252.

[125] *See* Zavvos, *supra note* 118, at 482.

[126] *See* Lewis & Pescetto, *supra note* 38, at 12—13.

cense)，即一旦银行被本国的相应机构授予许可证从事某些业务，那么根据统一许可证制，该银行无须经过东道国许可即可在欧盟任一成员国开展这些业务。[127]（3）一致同意的银行业务清单（an agreed-upon list of banking activities），银行业第二指引第18条(1)规定欧盟国家必须允许指引附件中所列业务及被本国授权开展的业务，在其领域内开展。[128] 这些特别列明的业务不仅包括传统的银行服务如吸收存款和放贷，还包括投资银行所从事典型业务中的绝大部分，例如证券交易和承销、资产管理、公司理财及并购业务。[129]

这三项原则的适用导致了欧盟成员国之间竞相放松其监管。[130] 因为一国银行可以在银行业第二指引的允许下向外国客户提供金融服务产品，而该外国国内银行在没有放松监管的情况下可能仍被禁止从事该业务，这样一来该外国的国内银行就将在竞争中处于劣势。[131] 于是，所有的欧盟国家都有了非常强烈的动机，向最少限制的德国全能银行模式靠拢。[132]

银行业第二指引体现了欧盟和美国之间关于银行法一些基本理念的差异。第一，欧盟认为通过涉足证券业，银行业务的多样化可以增加商业银行的业务深度和资产的流动性。[133] 第二，欧盟设想当常规银行业务发生利润下降时，银行从事的证券业务将有助于维持总的收益额。[134] 第三，欧盟视灵活的全能银行为参与全球金融市场竞争的利器。[135] 因此，美国的防火墙概念和控股公司模式没有在欧盟的银行制度中出现。[136] 此外，有研究

---

[127] *See* Lewis & Pescetto, *supra note* 38, at 12—13.

[128] Ibid.

[129] *See also* Norton & Olive, *supra note* 45, at 253.

[130] *See* Lewis & Pescetto, *supra note* 38, at 12—13.

[131] *See* Zavvos, *supra note* 118, at 483.

[132] *See* Lewis & Pescetto, *supra note* 38, at 13.

[133] *See* Zavvos, *supra note* 118, at 481.

[134] Ibid.

[135] Ibid., at 482.

[136] *See* Macey & Miller, *supra note* 2, at 279.

认为全能银行的股份中蕴涵相当的特许价值(franchise value),有助于抑制银行的过度冒险冲动。[137]

银行业第二指引强调母国监管,随后1992年的一个理事会指引确立了银行集团内部各主体统一监管(consolidated supervision)的原则。[138] 2001年4月,欧盟委员会提议针对金融集团(financial conglomerate)出台指引,2002年5月该指引被欧盟理事会通过。这个新指引突出对金融集团的监管,要求其资本不得被重复计算,对集团内部关联交易须特别重视。[139]

四、中国:亦步亦趋?

金融在许多方面具有独特性,例如其所蕴涵的诚信本质、在整体资源配置和支付系统内的中心地位等。[140] 因此各国在设计自己的金融架构时总是特别谨慎。金融控股公司模式或全能银行模式,中国可否就此择一而从?"具有中国特色的社会主义市场经济"决定了我国不可能简单地模仿国外做法,任何正确的决策都有赖于对国情的深入了解和分析。以下讨论表明基于中国现实考虑,两种模式都存在某些不适当性和不确定性。

(一)德国全能银行模式对中国并不适合

乍看起来,相对不成熟的证券市场构成了中国金融和德国金融的共同点。[141] 正如鸡和蛋的关系一样,发展不足的证券市场和全能银行业之间

---

[137] *See* Rebecca S. Demsetz, et al, *Banks with Something to Lose: The Disciplinary Role of Franchise Value*, 2 (2, October) Federal Reserve Bank of New York Economic Policy Review 1—4 (1996).

[138] 92/30/EEC (April 28, 1992).

[139] *See generally* John F. Mogg, Regulating Financial Services in Europe: A New Approach, 26 Fordham J. Int'l Law 58 (2002).

[140] *See* Ingo Walter, *Strategies in Financial Services, the Shareholders, and the System: Is Bigger and Broader Better?* Brooking-Wharton Papers on Financial Services, Brookings Institution Press, at 1 (2003).

[141] *See* Gerhard Wegen, *Colloquium: Transnational Financial Services-Current Challenges for an Integrated Europe*, 60 Fordham L. Rev. 91104 (1992).

也存在一个不断自我强化的过程[142],这似乎支持着"中国更适合采取全能银行制"的论断。在银行的集中规模和程度上,德国的银行体系确实比美国的更像中国。[143] 特别是在 William L. Horton, Jr. 谈到的四个特征方面[144],其中"与实业的紧密联系"[145]、"功能专业化"对两国来说,几乎是如出一辙,至少在相当长的时期内是如此。

然而,另两个方面的差异使人们有足够理由怀疑德国采取的全能银行制是否能很好地适用于中国。德国银行在建立之初就多属于私人企业,脱离政府及其代理人的控制。尽管银行与其客户建立了紧密联系,但并不意味着银行在发放贷款时就会轻易降低标准;同时,德国银行家在长期的实践中也逐渐培养起了进行有效投资决策的能力。[146] 现实的对比不难揭示中国的银行还很缺乏这样的自主权和判断力。[147] 另一方面,德国全能银行制的建立得益于其拥有一个积极而可胜任的中央银行来确保整个体系的稳定。[148] 考虑到中国人民银行以及银监会的实际,它们在这方面要走的路恐怕还长。[149] 另外不容忽视的是,人们普遍担心全能银行制可能会将中国拖回到计划经济的老路或者陷入日本式的银企怪圈。公允地说,这种担心并非没有道理。

(二) 美国金融控股公司模式在中国潜在的不适应性

相比之下,金融控股公司模式似乎更具创意,过去几年在中国也赢得

---

[142] *See* Amy Chunyan Wu, *PRC's Commercial Banking System: Is Universal Banking a Better Model?*, 37 Colum. J. Transnat'l L. 623634 (1999).

[143] *See* Haiqun Yang, *Banking and Financial Control in Reforming Planned Economies* (1996), at 76.

[144] *See* discussion supra Part Ⅲ 1.

[145] 中国的国有企业和银行长期保持着密切的联系,这种联系常常脱离法律之外,时至今日仍是困扰社会发展的一个难解之结。

[146] *See* Horton, Jr., *supra note* 119, at 696.

[147] 正因如此,《商业银行法》第 4 条才特别强调,"商业银行依法开展业务,不受任何单位和个人的干涉"。

[148] *See* Horton, Jr., *supra note* 119, at 700.

[149] 《中国人民银行法》同样制订于 1995 年。

了不少拥趸。实践中,一些金融控股公司或其雏形业已显现。例如光大集团旗下拥有两家银行、两家证券公司、一家与加拿大合资的寿险公司。[150]类似的例子还有中信集团[151]、平安保险集团等。[152] 这些美式金融控股公司的探索者构成了一个强大的利益集团,影响着立法者和行政高层。不过笔者以为,针对《金融服务现代化法》变革的反对、疑虑以及保留意见同样甚至更应引起我们重视。[153] 例如由其产生的金融控股公司(FHCs)能否高效而有力地同全能银行体制下的对手及其子公司竞争?[154] 该法创设的监管体系是否仍不过是一个有缺陷并且过时之结构的延伸?[155] 在美国国内外争议仍存。

1. 围绕《金融服务现代化法》的争议

废除“格拉斯—斯蒂格尔法案”是否真的明智? 一些批评者怀疑在诸如消除混业带来的利益冲突等方面,《金融服务现代化法》未提供令人信服的保障,而且该法就解决不当侵害金融服务消费者隐私权问题的规定差强人意。[156] 在他们看来,为“格拉斯—斯蒂格尔墙”的存在提供了正当性的那些“风险(subtle hazards)”仍然值得担心,而《金融服务现代化法》并没能适当地处理好这个问题。[157] 正如美国最高法院在 Investment Company Institute v. Camp 中所指出的[158]:当商业银行通过其直接或间接的关联公司进入投资银行业时,这样的“风险”就会发生,包括:(1) 由于在公

---

[150] For more information, *see* http://www.ebchina.com/.

[151] For general information, *see* http://www.citic.com.cn/.

[152] For general information, *see* www.pa18.com/insurance/docc/.

[153] *See generally* Lewis & Pescetto, *supra note* 38.

[154] *See* Edward D. Sullivan, *Glass-Steagall Update: Proposals to Modernize the structure of the Financial Services Industry*, 112 Banking L. J. 977, 993—994 (1995); *See also* Joao A. Santos, *Commercial Banks in the Securities Business: A Review* (Bank for Int'l Settlements, Monetary and Econ. Dep't, Working Paper No. 56, 1998), at 16, 19.

[155] *See* Hearing on H. R. 10 Before the House Banking and Fin. Servs. Comm. 106th Cong. (1999) (prepared testimony of Ralph Nader), reprinted in Fed. News Serv., Feb 11, 1999.

[156] *See* House Commerce Wrangle with Privacy in Approving Financial Services Measure, Banking Policy Report. Vol. 72, No. 24.

[157] *See generally* LeGraw & Davidson, *supra note* 46.

[158] 401 U. S. 617 (1971).

众心目中的联想,当银行及其关联公司运营不善时,公众信心将受到打击;(2)出于拯救公众信心的努力,向境况不佳的关联公司提供不安全的贷款从而造成的风险;(3)银行可能会向对其关联公司有既得利益的公司随意地提供信贷而造成的风险;(4)银行像推销员般开展业务,而并非作为一个公正的信贷提供者而造成的风险;(5)来自于关联公司的损失将损害银行在消费者中的声誉;(6)由于进军投资银行业而失去谨慎和克制的好名声;(7)仅仅为了便于购买更多的证券而放贷的诱惑;(8)作为商业银行提供中立的建议和作为投资银行推销证券两种行为之间的利益冲突。[159]

到2003年,美国国会确实开始检讨《金融服务现代化法》是否走得太远,引发讨论的焦点在于金融控股公司内银行业务与证券业务的利益冲突。例如,银行为关联证券公司提供贷款、借贷利率与借款人是否使用关联公司其他服务(如企业购并顾问)相挂钩,等等。不过也有人认为不必多虑,《银行控股公司法》第106节已有禁止搭售(anti-tying)的条款,银行不能强迫客户接受这些产品或服务。[160] 而且,上述情况多出现在卖方市场、银行居于强势地位时,现时市场状况并非如此。[161]

金融控股公司的模式是否是构建"金融超级市场"的最佳选择?一方面,联邦储备委员会所力主的金融控股公司得到了许多学者的支持:该理念被认为是长远意义上最可行的解决之道,其中的"防火墙措施"有助于帮助商业银行找到提高竞争力和增强安全性的最佳平衡点。[162] 此外,因联邦存款保险公司保险所引致的道德风险也为这种特定的组织形式提供了正当性。[163]

---

[159] Ibid., at 630—637.

[160] *See* Federal Reserve Board, *Proposed Interpretation of Section* 106 *of the Bank Holding Company Act*, August 25, 2003.

[161] *See* Hal Scott, supra note 115, Chapter 3, at 31 (2004).

[162] *See* Sullivan, *supra note* 154.

[163] Ibid.

另一方面，欧盟的经验似乎提供了相反的论据：在公司结构（corporate structure）中注入更多自由并不必然削弱银行的安全性和稳健性。[164] 更重要的是，金融控股公司模式很可能比流行于德国的全能银行模式缺少竞争力。[165] 另一项怀疑则针对《金融服务现代化法》能在多大程度上如其所愿地提升美国银行的国际竞争力。不容忽视的一个事实是：远在废除"格拉斯—斯蒂格尔法案"之前，那些在海外运作的美国银行并不受"格拉斯—斯蒂格尔法案"的限制[166]，而在美国开展业务的外国银行与他们的美国同行受到一样的法律限制。[167]

截止2003年4月，共有639家金融控股公司在美设立，其中约二十家由外国银行机构成立。《金融服务现代化法》出台后，只有少数大型金融控股公司并购了证券公司，相反绝大多数金融控股公司设立的主要目的在于为其已有证券经营机构获取更自由的空间。类似地，没有金融控股公司并购任何大型保险公司，而花旗银行与旅行者集团之间的合并，实际上发生在《金融服务现代化法》通过之前。[168]

分析家们还指出，《金融服务现代化法》中所确立的监管框架，在很大程度上反映了某些监管机构谋求自身权力、维护既得利益的利己考虑，就整体而言不见得是最佳的选择。这其中，联邦储备委员会通过保留"控股公司"的架构以永久地保有其现存的对金融体系的监管力，就遭到了许多严厉的批评。[169] 总之，即使在美国国内，也仍有不少人认为：控股公司模式得以盛行，根源在于美国特殊的监管状况，并不意味着其就是整合证券行业的最有效方式。[170]

---

[164] *See* Santos, *supra note* 154, at 21.

[165] Ibid., at 16—19.

[166] For example, in the form of the Edge Act Corporations.

[167] *See generally* Regulation K.

[168] *See* Hal Scott, *supra note* 115, Chapter 3, at 5 (2004).

[169] *See* J. Virgil Mattingly & Keiran J. Fallon, *Understanding the Issues Raised by Financial Modernization*, 2 N. C. Banking Inst. 28.

[170] *See* Santos, *supra note* 154, at 19.

对功能性监管体系是否还需要进一步的改革？正如前面已经部分提及的，许多人认为《金融服务现代化法》如果不是使情况变得更糟，造成效率低下、解释冲突或职责不清盛行的话，至少也会继续保留现有的破碎而重叠的监管架构。[171] 实际上，十几年来不停地有议案被提交要求建立一个单一的、协调性强的机构来对金融服务行业的监管负完全的职责，但每每遭遇来自于现有监管机关的强烈反对。[172] 一言九鼎的格林斯潘主席曾多次以强烈语气表示：由联邦储备委员会所主导的现有监管架构不仅被证明是切实可行的，而且也是完善国内金融体系所必需的。[173]

在美国现实政治环境下，国会中上演的此类"博弈"或"游戏"由于牵涉到诸多的利益团体，使得对其最终结论的预测相当困难，而缺少完美答案的表象更令抉择的做出变得非常棘手。从这个意义上讲，"格拉斯—斯蒂格尔法案"与《金融服务现代化法》的演进也为其他国家提供了一个了解美国高层决策的难得视窗。

2. 基于中国现实的进一步思考

同一些金融专家的看法类似[174]，在采纳金融控股公司模式的问题上，笔者倾向于谨慎态度，其缺点及与我国现状的不适应性应当引起重视。首先，金融控股公司模式的许多内生问题如何解决，值得认真研究。(1) 资本充足率。缺乏监管的控股公司有可能大举兴债设立金融机构，同一旗下的银行甲可能为其姊妹证券公司乙注资，从而导致控股公司内有限资本的重复计算。(2) 公司治理。多元化业务诱发不当利益输送，对内部控制提出挑战，金融内生的系统性风险使得这一问题更加严重。(3) 风险控制。根据美国 1971 年至 1987 年数据所建立的一个虚拟模型表

---

[171] *See supra note* 155.

[172] Ibid.

[173] *See* Tara L. Meltzer, *Congress, Regulators Split Over Major Banking Reform Bills*, 16 Banking Pol'y Rep. 6, 8 (1997).

[174] 例如，国务院发展研究中心夏斌等。*See* Wei Qin, "Experts Suggested on Law Revision", http://finance.sina.com.cn/y/20030903//0841431492.shtml (cited March 8, 2004).

明，假如当时银行控股公司与保险公司合并，整体风险将有所下降；但是假如当时银行控股公司选择与证券公司合并，整体风险则会上升。[175]

利益冲突的问题决不应小视。2001 年和 2002 年，即便声名显赫如花旗集团、JP 摩根也同样受累于利益冲突所引起的公司治理丑闻，在很短时期内失掉了近三分之一的市值。与此同时，围绕透明度的质疑最终迫使通用电气资本进行分拆。由于建立合规性机制相当昂贵，在不同部门之间进行隔离产生可观的机会成本，防范金融控股公司内部的利益冲突代价巨大。平衡不同利益诉求十分困难，而问题曝光所引发的声誉连环受损将可能是灾难性的。[176] 对于中国这样一个新兴加转轨的发展中大国，一段相当长的试错、磨合期恐怕必不可少。

其次，中美两国之间存在的巨大差异不能被忽视。通过给处境不利的商业银行"松绑"以使其能与实力不相上下的投资银行相竞争，1999 年《金融服务现代化法》意在建立一个公平角逐的竞技场，以此强化金融服务各行业的竞争性。[177] 我国的情况截然不同，这里没有高盛、美林、摩根这样老练的投资银行。在 1995 年隔离之前，中国最大的证券公司几乎都是由国有银行扶持的。[178] 直至今日，天平的指针仍向商业银行倾斜。一边是刚刚接受注资减负、摩拳擦掌的银行，一边是问题丛生、等待救赎或灭亡的券商。所持资源的严重不对等将使"游资"有可能再一次猖獗横行，结果是在重要的金融领域，国有银行实质上重新支配一切。其所伤害的不仅是中国的证券行业，更会阻碍银行改革的进程。这显然同中国金融改革的目标背道而驰，换言之，在中国立即取消隔离可能会招致竞争性下降以及其他不良后果。

在笔者看来，至少对于四大国有银行来说，完成股份制改造、成为真

---

[175] *See* John Boyd, et al, *Bank Holding Company Mergers with Non-bank Financial Firms: Effects on the Risk of Failure*, 17(1) Journal of Financial Economics 43—63 (1993).

[176] *See* Walter, *supra note* 140, at 21.

[177] *See* the preamble (purpose) of this Act.

[178] *See* Nickerson, *supra note* 29, at 4.

正商业银行的任务远比变身金融控股公司、贸然进入资本市场急迫得多。伴随国家的适度退出、战略投资者的进入,四大行应当深化改革,切实完善治理结构[179];同时专注于提高经营绩效,增加股东回报。[180] 毕竟在多数情况下,怎么做比做什么更加重要。有研究表明:出色的银行管理比其扩大规模或业务范围更有意义[181],而且在金融行业,范围效应似乎并不明显。[182]

表二　中国四大国有银行的资产及其《财富》500 排名

四大国有银行	资产(万亿人民币,2002)	2002 排名	2003 排名
中国工商银行	4800.0	243	237
中国银行	3593.9	277	332
中国建设银行	3083.0	389	371
中国农业银行	2976.6	471	488

再次,在美国土壤中发育起来的金融控股公司模式未必贴合于中国实际。如前所述,构建控股公司体制是为了绕过"格拉斯—斯蒂格尔法案"所设下的障碍[183],并根据不同时期的需要不断地加以调整。[184] 此外,控股公司体制有利于减轻州与州之间以及联邦与州之间的摩擦,这对采取联邦制的美国是很有必要的。[185] 这一体制能否在中国发挥同样的功能呢?一些重大的疑问确实存在。比如,防火墙的有效性问题。在中国,国有商业银行在一定程度上被政府资助和扶持,既然其利润将要上交,而损失又

[179] *See* "The Preliminary Schedule Set for the SOCBs to List" (Zhaoqing, Li reported), Financial Times (China), Jan. 11, 2004. http://finance.sina.com.cn/g/20040111/1140598415.shtml (cited March 16, 2004). 该报道援引中国银监会官员消息,透露了四大银行各自的改制上市计划时间表,并指出四家银行皆有意发展为某种形式的金融控股公司。

[180] As of the end of the year 2003, the average non-performing loan rate for the China's SOCBs was 20.36%, which totaled about 1.9 trillion RMB. *See supra* note 31.

[181] For example, *see* Allan N. Berger, et al, *The Efficiency of Financial Institutions: A Review and Preview of Research Past, Present and Future*, 17 (April) Journal or Banking and Finance 221—249 (1993).

[182] For example, *see* Chris. Stefanadis, *Specialist Securities Firms in the Gramm-Leach-Bliley Era*, Federal Reserve Bank of New York Working Paper (2002).

[183] *See* discussion supra Part Ⅱ.

[184] Ibid.

[185] Mcfadden 法即是这种摩擦以及监管竞争的产物之一。

会由政府部分地承担，那么它们就不可避免地会萌生进行投机性赌博的强烈念头。[186] 可以预见，如此强烈的利益驱动将对防火墙的有效性造成挑战，相比之下，美国不存在这方面的问题，因此也从来没有进行过这方面的严格考察。即便美国或者其他国家同样存在金融机构“大而不倒”(too big to fail)的现象[187]，但四大银行和证券公司的国有属性使得这一问题在中国变得特别严重。[188]

最后，与之伴随的监管结构重塑可以面临相当大的困难和阻力。1992 年以前，中国人民银行是金融领域的唯一监管者。1992 年 10 月、1998 年 11 月，证监会和保监会相继成立，并开始分别执行证券与保险领域的监管职能。[189] 2003 年 4 月，新设立的银监会正式开始运作，负责监管银行、资产管理公司、信托投资公司、财务公司等金融机构，维护银行业的平稳健康发展。[190] 中国人民银行作为中央银行，目前的职能主要在于宏观协调，制定和执行货币政策。[191]

显而易见，金融控股公司全方位的经营要求不同领域监管者之间更紧密的合作和协调，目前的联席会议方式远远不能满足这一要求。随着金融控股公司的大量涌现，哪个机构将充当类似于美国联邦储备委员会那样的全盘监管者角色？又或者上述机构应仿效日本、英国被整合为一个的金融服务监管局？[192] 一方面，不同于“联邦主义”、“分权制衡”理念根深蒂固的美国，中国和日本似乎更容易接受一个统一的监管者。[193] 但另一

---

[186] 尽管从法律上说，《商业银行法》第 4 条规定商业银行实行“自主经营，自担风险，自负盈亏”。

[187] *See* Maureen O' Hara & Wayne Shaw, *Deposit Insurance and Wealth Effects: The Value of Being "Too Big to Fail"*, 45(5) Journal of Finance 1587 (1990).

[188] For example, *see* US General Accounting Office, *Deposit Insurance: Overview of Six Foreign Systems*, GAO/NSIAD-91-104 (1991).

[189] *See generally* http://www.csrc.gov.cn/ and http://www.circ.gov.cn/.

[190] *See generally* http://www.cbrc.gov.cn.

[191] Ibid.

[192] 英国于 1998 年设立了金融监管局，日本于 2001 年成立了金融服务厅，确立了单一集中监管模式。

[193] Ibid.

方面，面对规模和复杂性成倍增长的金融市场，新的金融服务监管局是否会像20世纪80、90年代的中国人民银行那样，顾此失彼，进退无据？

无论如何，决策者会有自己的成本收益分析，不仅基于经济效益，也包括政治和人事方面的考虑。中国的传统智慧揭示：分久必合、合久必分。对许多人而言，马上组建金融服务监管局意味着对十几年来改革路径的颠覆。如同在美国和许多其他国家一样，这类思路的急剧转向必然伴随着大量权力的转移与利益的重新分配，要想在短时间内达成共识并付诸实施非常困难。

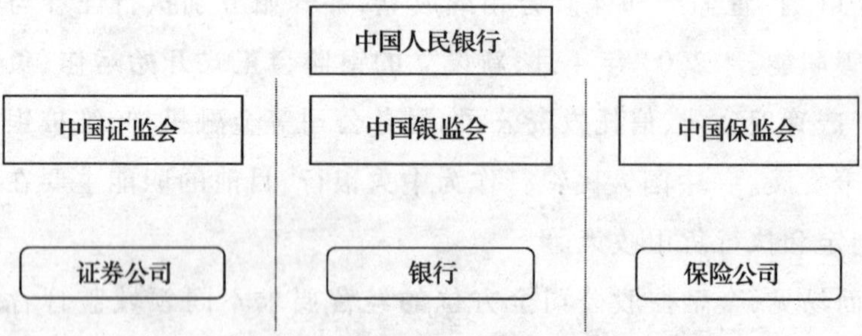

图二　目前中国的金融机关架构

3. 统筹规划、循序渐进

实现现代化是中国的雄心[194]，因此对中国的未来，有一些事情是可以肯定的，比如坚持改革开放[195]、保护合法私有财产[196]、鼓励私有经济[197]、发展股票市场[198]、培育国有商业银行的竞争者……同样，放松监管和取消隔离代表着全球性趋势，部分原因在于其能够为客户带来更加全面、快捷的金融服务。从长远角度看来，中国银行业的变革无可避免。

然而，毕其功于一役的指望是不现实和危险的。考虑到前述疑虑、阻力以及中美之间的巨大差异，中国有理由继续观察和深入研究一段时间。

---

[194] 例如在21世纪中叶，发展成为中等发达国家。
[195] 包括加入WTO等。
[196] 2004年修订时入宪。
[197] 1999年修订时入宪。
[198] 江泽民：《中国共产党第十六次全国代表大会报告》，人民出版社2002年版。

美国在对“格拉斯—斯蒂格尔墙”动手之前经历了近十年的激烈争论[199]，我国在金融控股公司的问题上准备工作也必须做足，论证必须充分。而且银行创新不可能在某一领域单骑突进，还需要金融乃至社会整体改革的配合与支持。

无论如何，以往那种由国家或政府部门单一地、高度集中地主导金融的局面不应重现。在过去二十多年间，国有银行服务于国有企业，贷款实质上更多的属于政策性而非商业性。银行着眼于执行政府宏观经济计划，配合经济调控，而不太在意贷款的安全性、收益性和流动性，从而积聚起大量的不良资产。[200] 即使是现在，也很难说银行经营完全基于商业判断。银行如此，大量国有的券商、上市公司亦如此。不解决这一根本性问题，无论采取金融控股公司或者全能银行哪种形式，中国的金融系统恐怕都难以走出周而复始的恶性循环。急功近利刺激下的短暂繁荣，有可能掩盖危机，延缓制度性变革的脚步。如今券商的窘境恐怕很大程度上都可归咎于21世纪最初时刻的张狂与冒进。金融混业的诱人表象下蕴藏着极大的利益冲突陷阱，自营、经纪、委托理财，坐庄与老鼠仓，几年下来催生出骇人的保证金黑洞，凭什么让人相信银行、相信金融控股公司的能力与操守？如果银行将其传统思维与行为模式扩展到证券、基金这样的新领域，资本市场的未来恐怕并不乐观。

日本可谓这方面的前车之鉴。谁都无法否认日本近十多年金融改革方向的正确性：摸清不良资产的真实状况并予以公布，为银行重新注资，接管问题银行并转卖给外资或日本其他企业，出售贷款给私人基金，加快公司重组步伐，改革破产制度，建立存款保险以防止挤兑。[201] 为什么包括废除“格拉斯—斯蒂格尔”条款在内的、雄心勃勃的日本金融大爆炸措施总落得虎头蛇尾、事倍功半？利益集团的阻挠和日本政府的摇摆不定是

---

[199] *See generally* Norton and Olive, *supra note* 45.

[200] 参见第七章的相关讨论。

[201] *See generally* Richard Katz, *supra note* 108, chapter 14.

其重要原因。突出的例子体现在对日本邮政储蓄系统的改革上，这个以资产而论全球最大的金融机构实质上是家国有银行和寿险公司，已经积聚并且仍在生成巨大的不良资产，但日本政府每每难下决心将其解散或私有化。许多人认为这一问题不解决，所谓自由、公平、全球性的市场——日本金融大爆炸设定的目标，实在难以达到。[202] 我们中国呢，又有多少次为那些看似精彩的新鲜概念所吸引，受那些心怀它图的巧妙游说所鼓动，欣欣然地偏离了原来的方向，然后又不得不一再地救火、托市、补窟窿？

每个国家都在努力探索最适合自身的特定银行体制。德国人钟爱其历史形成的全能银行模式，现在它很大程度上已被整个欧盟所采用。拆掉“格拉斯—斯蒂格尔墙”，美国重返混业经营，但仍延续了其独特的金融控股公司模式。无论如此，《金融服务现代化法》及其后续发展注定将为别国所关注，特别是对日本和中国来说。继日本和美国之后，中国在2004年谨慎地实施了变革。国内和国际环境决定了中国不太可能重拾全能银行模式。对于广被看好的金融控股公司模式，一种审慎、渐进的态度或许是更恰当的。随着光大、中信等实践的推进，其制度优缺点、对我国的适应性以及必要的调整将进一步显现。同时，对于四大银行而言，改制成为真正的商业银行、提高盈利能力，是更为急迫的任务。[203]

---

[202] *See* Richard Katz, *FILP—Financially Insolvent Lollapalooza*: *Down the Drain*, Financial Watch, the Oriental Economist (November 2003).

[203] 作者围绕本章部分内容撰写的英文论文发表于 SSCI 国际核心期刊 Banking Law Journal, Vol. 121, No. 10, 2004, USA。

第三章　保底理财

金融机构保底理财服务法律问题研究

伴随着我国经济发展与人民财富积累，围绕"理财"的供应和需求不断增长。近来不少股份制银行和国有商业银行纷纷推出了理财产品，销售对象包括了机构和自然人投资者，币种也由外汇拓展到人民币。目前的理财产品、服务提供者涵盖了银行、信托投资公司、基金管理公司、证券公司、保险公司等各类金融机构。形形色色的理财服务又往往与各种"保底"协议（条款）联系在一起。无论是"保本（金）"、"保息（收益）"，还是"保本（息）加余额分成"，这些被金融机构作为卖点大肆宣传的"保底"承诺，在合法性方面其实大多存在疑问。然而，由于这一领域的法律规范性文件非常复杂，而且政出多门，有些机构的保底理财虽被明确禁止，实践中却并未绝迹；另外一些机构的保底理财则似乎处于一种模糊地带，各方尚存在不同看法。本文拟就面向自然人投资者的资金理财，对相关法律、法规、规章进行初步的梳理和讨论，揭示：目前金融机构各类保底理财产品和服务的合法性不一，其间差异存在某些现实合理性；要从整体上解决这一问题，尚缺乏坚实的法律和理论依据。建议国务院法制办尽快牵头研究并出台《信托机构管理条例》或《金融机构客户资金管理业务试行办法》，必要时启动法律修改程序，以统一认识，加强协调和规范。

一、信托投资公司的"保底"理财

至少从表面来看，信托投资公司保底理财协议或承诺的违法性是比较明确的。中国人民银行《信托投资公司管理办法》(2002 年 6 月)第 31 条规定:"信托投资公司经营信托业务,不得有下列行为:……(三) 承诺信托财产不受损失或者保证最低收益……"第 65 条规定:"信托投资公司违反本办法第三十一条规定的,按照《金融违法行为处罚办法》第二十八条规定进行处罚。"国务院《金融违法行为处罚办法》(1999 年 1 月)第 28 条规定:"信托投资公司不得以办理委托、信托业务名义吸收公众存款、发放贷款,不得违反国家规定办理委托、信托业务。信托投资公司违反前款规定的,给予警告,没收违法所得,并处违法所得 1 倍以上 5 倍以下的罚款,没有违法所得的,处 10 万元以上 50 万元以下的罚款;对该信托投资公司直接负责的高级管理人员、其他直接负责的主管人员和直接责任人员,给予记大过直至开除的纪律处分;情节严重的,暂停或者停止该项业务,对直接负责的高级管理人员给予撤职直至开除的纪律处分;构成非法吸收公众存款罪、集资诈骗罪或者其他罪的,依法追究刑事责任。"

中国人民银行《信托投资公司资金信托管理暂行办法》(2002 年 7 月 18 日起施行)第 4 条规定:"信托投资公司办理资金信托业务时应遵守下列规定:……(四) 不得承诺信托资金不受损失,也不得承诺信托资金的最低收益……信托投资公司违反上述规定,按非法集资处理,造成的资金损失由投资者承担。"第 21 条规定:"信托投资公司违反本办法规定的,由中国人民银行按照《金融违法行为处罚办法》及有关规定进行处罚;情节严重的,暂停或者直至取消其办理资金信托业务的资格。对有关的高级管理人员,中国人民银行可以取消其一定期限直至终身的任职资格;对直接责任人员,取消其信托从业资格。"

中国银监会于 2004 年 12 月下发《严禁信托投资公司信托业务承诺保底的通知》。[①] 该通知针对部分信托投资公司在办理信托业务时存在向委托人承诺保底的做法,重申信托投资公司办理信托业务,应当严格执行

① http://www.cbrc.gov.cn/,要闻导读,2004-12-06。

分账管理的原则,必须用管理信托财产所产生的实际信托收益进行分配,严禁信托投资公司挪用其他信托财产垫付信托财产的损失或收益;信托投资公司不得以信托合同、补充协议或其他任何方式向信托当事人承诺信托财产本金不受损失或者保证最低收益。信托投资公司应当在其营业场所显著位置对不得承诺保底的有关规定进行公示,并在签订信托合同时,以书面形式向当事人申明上述内容;信托投资公司在推介信托产品或办理信托业务时,不得暗示或者误导信托当事人信托财产不受损失或者保证最低收益。

在禁止信托投资公司保底理财的同时,上述法规、规章还反复强调了两点:(1) 严格区分了信托理财与存款借贷。除了上述《金融违法行为处罚办法》第 28 条外,《信托投资公司管理办法》第 30 条规定:“信托投资公司不得以经营资金信托或者其他业务的名义吸收存款”。《信托投资公司资金信托管理暂行办法》第 4 条规定:“信托投资公司办理资金信托业务时应遵守下列规定:……(一) 不得以任何形式吸收或变相吸收存款。”(2) 为信托投资公司理财设定了类似国外“私募”要求的对象条件和募集规范。《信托投资公司管理办法》第 45 条规定:“信托投资公司接受由其代为确定管理方式的信托资金,应当符合下列规定:信托期限不得少于一年;单笔信托资金不得低于人民币 5 万元。”《信托投资公司资金信托管理暂行办法》第 6 条规定:“信托投资公司集合管理、运用、处分信托资金时,接受委托人的资金信托合同不得超过 200 份(含 200 份),每份合同金额不得低于人民币 5 万元(含 5 万元)。” 第 4 条规定:“信托投资公司办理资金信托业务时应遵守下列规定:……(五) 不得通过报刊、电视、广播和其他公共媒体进行营销宣传。”2004 年 12 月底,中国银监会发布《关于进一步规范集合资金信托业务有关问题的通知》,规定集合资金信托的每份合同金额不得低于人民币 100 万元(含 100 万元),且自然人委托人须同时出具个人稳定的年收入不低于 10 万元的收入证明。

二、基金管理公司的保底(本)基金

《中华人民共和国证券投资基金法》(2004年6月1日起施行)第20条规定:"基金管理人不得有下列行为:……(四)向基金份额持有人违规承诺收益或者承担损失。"中国证监会《证券投资基金销售管理办法》(2004年7月1日起施行)第19条规定:"基金宣传推介材料必须真实、准确,与基金合同、基金招募说明书相符,不得有下列情形:……(三)违规承诺收益或者承担损失……(五)夸大或者片面宣传基金,违规使用安全、保证、承诺、保险、避险、有保障、高收益、无风险等可能使投资人认为没有风险的词语。"中国证监会《证券投资基金信息披露管理办法》(2004年7月1日起施行)第6条规定:"公开披露基金信息,不得有下列行为:……(三)违规承诺收益或者承担损失。"

不难发现,上述基金序列的法律、规章在禁止"承诺收益或者承担损失"时都附加了"违规"的限定,也就是说,证券投资基金产品或服务有可能"合规"地来承诺收益或者承担损失。② 目前尚未见中国证监会出台专门规范,对某类或符合某些条件的承诺收益或者承担损失,明确赋予合法性。不过,实践中一些"保本"基金产品在发售前确实获得了中国证监会的批复,被排除于"违规"之外。例如,2004年8月17日起向社会公开募集的天同保本增值证券投资基金③,其招募说明书明确承诺"保本"——"投资本基金可控制本金损失的风险。基金份额持有人在认购期购买并

② 李飞主编:《中华人民共和国证券投资基金法释义》,法律出版社2003年版,第51页。"为了维护证券市场的秩序,保护投资者的利益,《证券法》第143条规定,证券公司不得以任何方式对客户买卖的收益或者赔偿证券买卖的损失作出承诺。基金管理人从事的是证券投资活动,一般情况下,也应遵守这样的行为规则。但是考虑到我国证券投资基金的不断发展和品种创新,经国务院证券监督管理机构批准的基金品种,在一定条件下可能对投资者的收益提供一定的保证,因此,本条规定,基金管理人不得向基金份额持有人违规承诺收益或者承担损失。"

③ 基金代码161902,中国证监会《关于同意天同保本增值证券投资基金设立的批复》(证监基金字[2004]86号文件)批准设立。该基金募集符合有关条件,已向中国证监会办理完毕基金备案手续,并于2004年9月28日获书面确认,基金合同自该日起正式生效。

持有到期，如可赎回金额加上保本期间的累计分红金额高于或等于其投资金额，基金管理人将按可赎回金额支付给投资者；如可赎回金额加上保本期间的累计分红金额低于其投资金额，保证人应保证向持有人承担上述差额部分的偿付并及时向基金份额持有人清偿。”可见其保本主要是通过国家开发投资公司作为保证人来实现的——“保证人提供不可撤销的连带责任保证，保证范围为持有人持有到期时可赎回金额加上保本周期内的累计分红金额低于投资金额的差额，保证期限为基金保本周期到期日起六个月止”。与之类似的还有稍早前设立的南方避险增值基金④、银华保本增值证券投资基金⑤。

我国证券投资基金的信托属性已经得到法律的确认。《中华人民共和国证券投资基金法》第 2 条规定：“在中华人民共和国境内，通过公开发售基金份额募集证券投资基金，由基金管理人管理，基金托管人托管，为基金份额持有人的利益，以资产组合方式进行证券投资活动，适用本法；本法未规定的，适用《中华人民共和国信托法》、《中华人民共和国证券法》和其他有关法律、行政法规的规定。”⑥那么，为什么法律、规章对于证券投资基金和信托投资公司保本理财采取了略为不同的立场？除了外部担保即由担保人承担损失这一具体手段的运用，笔者以为还有以下三方面的解释：(1) 至少从目前来看，基金业整体上发展比较健康，且被管理层寄予厚望，而我国的信托投资公司自出现之日起就危机频仍，迄今已经历了五次大的整顿。(2) 证券投资基金业务相对单一，从理论上讲相比信托投资公司，资金被挪用的可能性较小，非法违规集资的冲动较弱。基于这些考虑，基金被认为更有把握操作保本业务，且不太容易引发大规模的风险。(3) 大力发展机构投资者、拓宽合规资金入市渠道，是发展我国

④ 基金代码 202201，2003 年 6 月 27 日成立，担保人为中投信用担保有限公司。

⑤ 基金代码 180002，2004 年 3 月 2 日成立，担保人为北京首都创业集团有限公司。

⑥ 《中华人民共和国信托法》(2001 年 10 月 1 日起施行）第 2 条规定：“本法所称信托，是指委托人基于对受托人的信任，将其财产权委托给受托人，由受托人按委托人的意愿以自己的名义，为受益人的利益或者特定目的，进行管理或者处分的行为。”

资本市场的要求。允许符合一定条件的基金保本(甚至保息),有利于现阶段引导更多原有存款资金通过基金进入证券市场。可能基于这些现实考虑,立法者在《中华人民共和国证券投资基金法》中没有作全盘禁止。

至于将来信托投资公司可否借助外部担保推出保本理财,从实际效果看其与保本基金做法并无二致,从公平竞争的角度讲也有些道理,但管理层是否有意愿放行尚待观察。更重要的是,鉴于上述两大序列法律规范的不同措辞,信托投资公司借助外部担保进行保本理财,仍然有违其现行规章之"不得承诺信托财产不受损失"的规定。该业务要取得合法性,恐怕有赖于中国人民银行相应调整《信托投资公司管理办法》、《信托投资公司资金信托管理暂行办法》等,或者是获得更高层次上的法律许可。

向社会公众募集的基金之外,对于"私募"性质的基金管理公司新业务,中国证监会也拟采取类似的立场。不过,笔者以为,未认识发展公募基金这一立法意图,简单化地将类似的保底待遇赋予基金管理公司私募客户,恐怕既无必要又有不妥。因为在后一种情况下,投资者比较成熟、对风险及其控制具有独立判断和把握、投资理念中性、抗损失能力较强,因此受托人尽职履行信托义务、委托人自行承担收益风险的基本信托机制更应适用。

与此相反的是目前针对货币市场基金的规定。中国证监会、中国人民银行《货币市场基金管理暂行规定》(2004年9月1日起施行)第11条规定:"基金管理公司应当在货币市场基金的招募说明书及宣传推介材料中列明,投资者购买货币市场基金并不等于将资金作为存款存放在银行或存款类金融机构,基金管理公司不保证基金一定盈利,也不保证最低收益。"一般而言,由于货币市场流动性强、风险小,货币市场基金本应更有可能实现保本甚至保息。对于此处微调的一种解释可能是中国人民银行的参与。作为信托投资公司长期以来的监管者,中国人民银行在此问题上持谨慎态度不难理解,"违规"字眼或许因此从这里消失。然而,这一规定恰恰对原本最适合作保底的货币市场基金设置了法律障碍。

值得注意的是,基金序列法律规范虽大多通过“违规”字眼保留了保底余地,但在禁止收益预测方面却相当严格。《证券投资基金法》第64条规定:“公开披露基金信息,不得有下列行为:……(二)对证券投资业绩进行预测。”《证券投资基金销售管理办法》第19条规定:“基金宣传推介材料必须真实、准确,与基金合同、基金招募说明书相符,不得有下列情形:……(二)预测该基金的证券投资业绩。”该禁止性规定主要是基于证券市场的高风险。[7] 这意味着基金在吸引资金时必须“光明磊落”,可以作保本(甚至今后可能做保息),前提是符合中国证监会的规定或事先取得其批复;但另一方面,不得对产品未来收益率进行预测,或测算产品未来取得某些收益率的可能概率分布,打“擦边球”变相诱引投资者。不过从逻辑上分析,即便不予言明,保本必然是以预测业绩为基础;同一法律中此开彼禁,可能需要更有说服力的解释。

三、证券公司的“保底”资产管理业务

中国证监会《证券公司客户资产管理业务试行办法》(2004年2月1日起施行)第41条规定:“证券公司从事客户资产管理业务,不得有下列行为:……(二)向客户作出保证其资产本金不受损失或者取得最低收益的承诺。”在该《试行办法》第11条规定的“定向”、“集合”、“特定目的专项”三类资产管理业务中,与绝大多数自然人投资者资金理财紧密联系的是集合资产管理业务。[8] 针对集合资产管理业务,《试行办法》设定了投资者应符合的条件以及募集应遵循的规范。第30条规定:“证券公司办

---

⑦ 李飞主编:《中华人民共和国证券投资基金法释义》,法律出版社2003年版,第136—137页。

⑧ 该《试行办法》第13条规定:“证券公司为多个客户办理集合资产管理业务,应当设立集合资产管理计划,与客户签订集合资产管理合同,将客户资产交由具有客户交易结算资金法人存管业务资格的商业银行或者中国证监会认可的其他机构进行托管,通过专门账户为客户提供资产管理服务。”

理集合资产管理业务，只能接受货币资金形式的资产。证券公司设立限定性集合资产管理计划的，接受单个客户的资金数额不得低于人民币五万元；设立非限定性集合资产管理计划的，接受单个客户的资金数额不得低于人民币十万元。”第 34 条规定：“客户在参与集合资产管理计划之前，应当已经是证券公司自身或者其他推广机构的客户。”第 45 条规定：“证券公司设立集合资产管理计划，应当对客户的条件和集合资产管理计划的推广范围进行明确界定，参与集合资产管理计划的客户应当具备相应的金融投资经验和风险承受能力。”第 47 条规定：“证券公司及其他推广机构应当采取有效措施使客户详尽了解集合资产管理计划的特性、风险等情况及客户的权利、义务，但不得通过广播、电视、报刊及其他公共媒体推广集合资产管理计划。”

2004 年 10 月，中国证监会发布了《关于证券公司开展集合资产管理业务有关问题的通知》，进一步细化规则。《通知》规定：“中国证监会对于证券公司设立集合资产管理计划、办理集合资产管理业务，采取先试点、后推开的原则。在试点阶段，中国证监会将严格限定办理集合资产管理业务的证券公司范围，仅允许已通过评审、成为可从事相关创新活动试点的证券公司试行办理此项业务，待积累一定经验后，再逐步推开此项业务。证券公司此前已开展的集合性资产管理业务须按照《试行办法》及其他有关规定和要求进行清理。”《通知》重申：“严禁通过广播、电视、报刊及其他公共媒体推广集合资产管理计划”，“证券公司、推广机构应当保证每一份集合资产管理合同的金额不得低于《试行办法》规定的最低金额，并防止客户非法汇集他人资金参与集合资产管理计划。证券公司应当在集合资产管理计划说明书、集合资产管理合同等有关材料中向投资者进行明确的风险提示，说明集合资产管理计划的投资风险由投资者承担。”

在该《通知》附件中，上述内容又一再被强调。《集合资产管理合同内容指引》要求“管理人承诺以诚实信用、谨慎勤勉的原则管理和运用本集合计划资产，但不保证本集合计划一定盈利，也不保证最低收益。托管人承诺以诚实信用、谨慎勤勉的原则履行托管职责，保护集合计划资产的安全，但不保证本集合计划资产投资不受损失，不保证最低收益”。而且，“明确说明委托人、管理人、托管人不得通过签订补充协议、修改合同等方式约定保证集合计划资产投资收益、承担投资损失，或排除客户自行承担投资风险”。最后，在签章及日期前，明确载明如下内容：“管理人、托管人确认，已向客户明确说明集合计划的投资风险，并不保证集合计划投资收益或承担投资损失；委托人确认，已充分理解本合同的内容，并自行承担投资风险”。《集合资产管理计划说明书主要内容》要求具备下列重要提示：“管理人承诺以诚实信用、谨慎勤勉的原则管理和运用集合计划资产，但不保证集合计划一定盈利，也不保证最低收益。本说明书对集合计划未来的收益预测仅供委托人参考，不构成管理人、托管人和推广机构保证委托资产本金不受损失或取得最低收益的承诺。”

从以上《试行办法》、《通知》所规定的业务框架和各方权利义务来看，笔者倾向于将集合资产管理视作证券公司的一项新业务，其基本法律关系属于信托关系。禁止证券公司集合资产管理业务保本保底，有两项依据：一是信托法律关系的基本原理，二是原先《证券法》第143条“证券公司不得以任何方式对客户证券买卖的收益或者赔偿证券买卖的损失作出承诺”的规定。⑨ 也有学者主张对第143条作缩限解释，即将该禁止规范仅限定在经纪业务范畴。一个重要理由是结合《证券法》第194条“证券公司经办经纪业务，接受客户的全权委托买卖证券的，或者对客户买卖证券的收益或者赔偿证券买卖的损失作出承诺的，责令改正，处以五万元以上二十万元以下的罚款”⑩，第142条“证券公司办理经纪业务，不得接受客户的全权委托而决定证券买卖、选择证券种类、决定买卖数量或者买卖价格”⑪来理解。笔者以为，仅从这些条文本身作文字和逻辑推演，尚不

⑨ 《证券法》2005年修订后作为第144条，条文未作改动。
⑩ 《证券法》2005年修订后作为第212条，但仅就法律责任部分增加了处罚种类和范围。
⑪ 《证券法》2005年修订后作为第143条，条文未作改动。

能得出唯一的结论。立法原意究竟如何,恐怕还需要人大常委会作出解释。

至于证券公司能否从事信托性质的业务,笔者认为不存在突出障碍。国务院办公厅《关于信托法公布执行后有关问题的通知》(国办发[2001]101号,2001年12月29日)规定:"在国务院制定《信托机构管理条例》之前,按人民银行、证监会依据《信托法》制定的有关管理办法执行。人民银行、证监会分别负责对信托投资公司、证券投资基金管理公司等机构从事营业性信托活动的监督管理。未经人民银行、证监会批准,任何法人机构一律不得以各种形式从事营业性信托活动,任何自然人一律不得以任何名义从事各种形式的营业性信托活动。人民银行、证监会要切实履行职责,加强监督管理,促进信托业规范发展。"虽然前述中国人民银行《信托投资公司资金信托管理暂行办法》第4条规定"除经中国人民银行批准设立的信托投资公司外,任何单位和个人不得经营资金信托业务,但法律、行政法规另有规定的除外",但该规定似无法否定中国证监会就证券公司集合资产管理业务进行规范管理的权限。

综上所述,按照目前中国证监会的规定:第一,在时下试点阶段,并非所有证券公司都能从事集合资产管理业务,只有经中国证监会评审通过可从事相关创新活动的试点证券公司方有此资格。[12] 第二,不得保证集合计划资产投资不受损失,不得保证最低收益。第三,可以提供收益预测,但仅供参考,不得作保底(本)承诺。第四,对集合资产管理业务的推广方式和客户资格有所限制。简而言之,目前证券公司集合资产管理业务不得保底(本)。

---

[12] 截止2005年4月,中国证监会评审通过可从事相关创新活动的试点证券公司包括光大证券、中金公司、中信证券、东方证券、国信证券、广发证券、招商证券、长江证券、国泰君安证券、华泰证券、东海证券。

四、保险公司的“保底”理财性质产品

目前我国具有理财性质的保险产品主要有投资连结保险和万能保险。中国保监会《投资连结保险管理暂行办法》(2000年2月18日起施行)规定:“本办法所称投资连结保险,是指包含保险保障功能并至少在一个投资账户拥有一定资产价值的人身保险产品。投资账户是指保险公司依照本办法设立的,资产单独管理的资金账户。投资账户应划分为等额单位,单位价值由单位数量及投资账户中资产或资产组合的市场价值决定。投保人可以选择其投资账户,投资风险完全由投保人承担。”中国保监会《人身保险新型产品信息披露管理暂行办法》(2002年1月1日起施行)第8条对投资连结保险的信息披露作出要求⑬,投资连结保险的产品说明书应当包含风险提示,在产品说明书封面显著位置用黑体字打印:“投保人要承担该产品投资风险”。

由此可见,投资连结保险不保证投资收益率,客户在享有投资高额回报可能性的同时,必须承担全部投资风险,包括可能出现的亏损。由于投资连结保险投资账户不设保证收益率,保险公司可以对账户内的资金运作采取比较灵活的投资策略,从而争取较高的投资收益。在国外,投资连结保险的投资账户下一般设立多个不同收益、风险特性的子账户供客户选择,为不同风险偏好和投资目标的客户提供灵活的个人理财服务。总而言之,投资连结保险不得保底。

我国目前出现的万能保险多为万能寿险。万能寿险(Universal life insurance),即所谓“提供保费缴付的灵活性与身故给付的可调整性和非套装性的保险产品”,该保险产品主要提供两方面的功能:保障和投资。投保人所交保费分成两部分,一部分用于保险保障,另一部分用于投资账

⑬ 该《暂行办法》第2条规定:“本办法所称人身保险新型产品,是指投资连结保险、万能保险、分红保险,以及中国保险监督管理委员会认定的其他产品。”

户。其中，保障额度和投资额度的设置主动权在客户，二者可根据客户不同时期的需求进行调节；投资账户的资金由保险公司的理财专业人士代为投资理财，投资收益上不封顶、下设最低保障利益。近年来推出的多个万能寿险产品许诺为投保人的个人投资账户提供保底收益。例如平安智富人生终身寿险（万能型，B 条款）规定保证利率为年利率 1.75%⑭，几年前太平洋保险的太平盛世万能寿险则保证中国人民银行颁布的二年期居民定期储蓄存款利率。

现行中国保监会的规范性文件并没有禁止万能保险保证最低收益。事实上，从《人身保险新型产品信息披露管理暂行办法》万能保险部分中关于“保证利益（率）”、“非保证的利益”等规定来看，中国保监会是认可万能保险给予保底的。概而言之，万能保险保底目前并不违法。

五、商业银行的“保本保息”代客理财业务

商业银行代客理财，特别是人民币理财业务推出不久，但情况似乎最为混乱。光大、招商、中信、民生和华夏银行等都有人民币理财产品，并已销售了数百亿元，而据称是迫于竞争压力，四大银行也陆续推出相应产品。在这些理财产品销售过程中，至少有三处在笔者看来值得推敲：一是“保本保息”；二是与存款作比较，以“免税”强化卖点；三是大肆通过广播、报纸、标语等各种公众传媒兜售。诚然，理财产品无须缴纳存款利息税，但依据我国《个人所得税法》及征管法规，个人收益所得达到起征点标准就要缴纳个人所得税，人民币理财产品收益属于投资分红收益，投资者应该缴纳个人所得税。虽然有别于利息税，银行不予代扣，但投资者仍应缴纳。在这一点上其与享受免税的货币市场基金是不同的。如前所述，信托投资公司、证券公司等在推介其理财产品时，都被禁止利用公共媒

⑭ 平保寿发[2003]214 号，2004 年 4 月经保监会核准备案。

体。而银行这种大张旗鼓的做法如果被认可，就意味着这类产品将走上类似公募基金、万能保险产品的路线，既产生出公平竞争的疑问，其对储蓄等造成的冲击更不容小视。

针对“保底保息”，中国银监会于 2004 年 12 月中下发内部文件，提出两项要求：一是一切金融交易应遵守诚信原则，依法进行，银行代客理财业务不得承诺保底收益，更不能承诺固定收益，它只能有一个预期收益，而收益的风险当由投资者自负。二是要求各地派出机构督促所辖银行等金融机构在其所有营业场所的醒目位置张贴投资类金融产品的风险提示公告。笔者认为在银行代客理财目前缺乏相应规范的情况下，中国银监会及时“叫停”“保本保息”是恰当的。不过，实践中银行贴出的风险提示公告多是让客户小心“利率”、“汇率”风险以及机会成本，即“在存款期间，若人民银行大幅度提高人民币储蓄存款利率，那么客户将损失利率提高的机会收益，甚至产品收益，可能低于未来储蓄利率”，同时“投资本期产品享有安全和收益的同时，将有可能丧失其他的投资机会，客户应充分认识本产品的风险和收益，根据自身的判断自主参与此产品交易”。这些内容恐怕未必是监管机构禁止银行代客理财业务承诺保底收益的重点所在。⑮

此外值得注意的是，《商业银行法》第 43 条规定：“商业银行在中华人民共和国境内不得从事信托投资和股票业务，不得投资于非自用不动产。商业银行在中华人民共和国境内不得向非银行金融机构和企业投资。国家另有规定除外。”显然，在正确认识商业银行代客理财并为其恰当定性时，我们将不得不考虑这一条文，并正视其所可能带来的障碍。

---

⑮　2005 年 9 月末中国银监会公布《商业银行个人理财业务管理暂行办法》和《商业银行个人理财业务风险管理指引》，认可了商业银行对客户有附加条件的保证收益。这些规定于同年 11 月 1 日起实施。

六、现实需求与法律困局

综上所述,依据目前的法律、法规、规章以及规范性文件:信托投资公司的资金信托产品、证券公司的集合资产管理业务,不得保本保息;可预测收益,但仅供参考;不得通过报刊、电视、广播和其他公共媒体进行营销宣传。商业银行的理财产品,允许附加条件的保证收益,在营销宣传方面事实上未受特别限制。经中国证监会审批的证券投资基金可以承诺保本(但货币市场基金"不保证基金一定盈利,也不保证最低收益"),但不得预测收益;经中国保监会核准的万能保险产品可以保本保息(保证一定收益率),此外可有描述性的演示利率(但不能理解为对未来的预期)。[16] 营销宣传上,对两者没有特别的限制。

证券投资基金和万能保险产品之所以获准保本甚至保息,应当说首先其安全性本身就是相当有保障的。比如保本基金的外部担保机制设计,再比如万能保险投资对象种类、收益、期限、资金操作的高稳健性。除此之外,笔者以为政策性的考量也是非常关键的因素。截至目前,基金管理公司、保险公司相对而言出现问题较少,更重要的是,基金业和保险业是两个被我国寄予厚望、大力培育的金融产业。前述《证券投资基金法》第 20 条的规定即是突出的例证。在"保底"的问题上获得倾斜,并不奇怪。

然而,优待基金和保险恰恰支持了对整体禁止保底理财的质疑。实际上,承诺"保本保息"具有相当的现实合理性。其一,从私法领域的意思自治原则出发,保本保息条款如系双方真实意思表示,应认定约定有效。其二,保底条款的普遍存在与屡禁不止,表明其适应现阶段我国公众普遍的投资观念和公平理念。其三,禁止金融机构保底理财,必然将这一需求

---

⑯ 中国保监会:《人身保险新型产品信息披露管理暂行办法》第 13 条。

推向自然人或非金融机构的委托理财，实践证明，自然人、一般的有限公司、各类投资管理公司、投资咨询公司、其他非金融机构的理财更加混乱，更难管理和规范。其四，假如同样是投向短期国债、债券回购、央行票据等安全性极高的金融品种，为什么基金和保险可以保底，其他金融机构就不被允许？因此从法律社会学角度分析，保底条款屡禁不绝的现实呼唤积极务实的司法对策，"堵不如疏"。有限承认保本保底条款的效力（配合投向控制、外部担保、损失内部分层承担等机制）或许更能实现投资者和金融机构的双赢，更有利于维护社会诚信系统特别是金融机构的营业信誉。退一步讲，对于违反公平原则的保本保底约定，还可通过认定为显失公平予以撤销，或违反相关法律法规导致无效这两种方式来进行限制。既然如此，为什么又会出现那么多现行法律规范禁止金融机构保底理财呢？

笔者以为，监管者最大的顾虑在于保底理财失控所蕴涵的巨大系统性风险。第一，保底理财使得投资风险并未有效转移给投资人，金融机构可能遭受的损失得不到分担。第二，金融机构开展的保底理财大多直接面向公众，出现问题极易导致群发性事件，诱发社会动荡。第三或许也是最为关键的，目前绝大多数重要的金融机构股权结构单一，管理者激励与约束不对称，在"赢则个体受益，亏则国家买单"的预期下，制度性的扩张冲动难以抑制。保底理财的立刻全面合法化可能引发恶性竞争，沦为无节制高回报承诺"圈钱"的游戏。这种情况不仅对尚处于利率上限控制的存款造成冲击，将来也许还会增添一些难以弥补的窟窿。

此外一个不容否认的因素是，我国法学界现在未能就金融机构保底理财的合法性提供令人信服的解释。无论是将该法律关系界定为借贷或存款、行纪、委托还是信托，都面临巨大的疑问。将其认定为借贷或存款，意味着从根本上否定了银行理财业务的创新性，更致命的是就本文所讨论的公众自然人投资者资金理财而言，对其他金融机构来说，其行为直接违反了《商业银行法》（1995 年 7 月 1 日起施行）"未经国务院银行业监督管理机构批准,任何单位和个人不得从事吸收公众存款等商业银行业务”的规定(第11条),而其大范围地向公众借钱很难不被理解为吸收或变相吸收存款。我国《合同法》(1999年10月1日起施行)第414条将“行纪合同”定义为“行纪人以自己的名义为委托人从事贸易活动,委托人支付报酬的合同”,而显然本文要讨论的是“委托从事投资活动”的命题。

委托关系提供了一个较为宽泛的空间,但《合同法》第21章关于“委托合同”的规定、双方合同的具体约定以及正在磕磕绊绊中试行推广的“联名账户、分别管理”措施,能否有效地保护作为委托人的投资者及其委托资金,实践并未提供使人满意的答案。相形之下,在这方面,《信托法》(2001年10月1日起施行)毕竟规定了一整套至少理论上相对完善的机制:信托财产的独立性(第15条)、破产隔离(第16条)、对抗强制执行(第17条)和抵消(第18条)、委托人申请法院撤销受托人违规(约)行为的权利(第22条)、对受托人违规谋利的归入处置(第26条)、分别管理、分别计账(第29条)、信托受益权偿债限制(第47条)等。比起委托合同的约定,这些法定内容的效力更加可靠。归根结底,委托合同只为委托人创制了债权,而信托则在一定程度上为其保留了物权(信托受益权)。

笔者无意简单地将实践中形形色色的委托理财与信托关系划上等号,尽管考虑到各种理财者对客户资金大肆侵犯的前车之鉴,信托关系似乎能较好地体现对投资者的保护。然而在我国,金融机构保底理财的信托化对待要面对理论与现实层面的两大法律难题。首先依据信托原理,在受托人依照法律和约定履行了诚实、信用、谨慎、有效管理义务的情况下,其活动产生的收益和风险应由委托人承受。具体到我国《信托法》,第34条规定:“受托人以信托财产为限向受益人承担支付信托利益的义务”,直接限制了保底理财。怎样才能将保本保底恰当地纳入信托关系,需要深入研究并借鉴国外经验。

值得指出的是,通过对现实中的保底操作进行某种解释,可以在一定程度上回避前述《信托法》第34条的限制。例如,类似保本基金的外部担保型保底中，可以被认为是由担保人而非受托人承担亏损时支付的义务。再比如目前理财业务及资产证券化中都比较常见的损失内部分层承担设计，金融机构向理财计划投入自有资金，运营出现亏损或达不到预期收益时，首先由金融机构该投入资金部分承担差额。在亏损小于金融机构该投入资金的范围内，实际上达到了客户投入资金保本的效果，而此时金融机构作为受托人并没有违反《信托法》第34条，因为所有给付尚在信托财产范围之内。然而当亏损大于金融机构投入部分时再行保本的，第34条所设置的障碍恐怕就难以避免了。

此外，《信托法》第8条规定："设立信托，应当采取书面形式。书面形式包括信托合同、遗嘱或者法律、行政法规规定的其他书面文件等。采取信托合同形式设立信托的，信托合同签订时，信托成立。采取其他书面形式设立信托的，受托人承诺信托时，信托成立。"在我国目前尚未引入"推定信托"(Constructive Trust)机制的情况下，各种金融机构理财协议在形式上是否符合信托合同的要件，仍存在不同认识。

在现实层面，虽然很多人认为金融混业经营是大势所趋，并且实际上已在我国大规模出现，但证券业和银行业、信托业、保险业"分业经营、分业管理"的原则性规定还停留在《证券法》(第6条)中，而"国家另有规定的除外"等但书至今缺乏有公信力的解读。"信托关系是否就等于信托业务，是否只能由人民银行批准、信托投资公司从事"，给此困扰我国金融业多年的问题一个明确的说明，更直接影响着其他金融机构的理财业务，否则这些活动将不得不继续以诸如"带有信托性质的委托"等名目，遮遮掩掩地开展。类似的麻烦还见于前述《商业银行法》第43条："商业银行在中华人民共和国境内不得从事信托投资和股票业务……国家另有规定除外。"

《信托法》第4条规定："受托人采取信托机构形式从事信托活动，其组织和管理由国务院制定具体办法。"为结束目前低位法律规范众多而又互不协调的混乱局面，国务院确有必要尽快研究出台《信托机构管理条例》。如果对金融机构各类理财产品的信托属性尚难达成一致认识，可以考虑制定《金融机构客户资金管理业务试行办法》，给予投资者类似于信托机制的其他法律保障，在保底问题上则明确相关监管机构的审批权限，规范资金运用的投向与募集的方式，配合金融机构改革的实际情况有序推进。同时，文中提及的《证券法》第 6 条、第 143 条、《信托法》第 34 条、《商业银行法》第 43 条等是否需要修改或明确，值得引起法学界更广泛的关注和讨论。金融创新的顺利发展，呼唤着法律理论的突破和条文的完善。

第四章　基金业务

银行试水基金管理谨慎为之

2005年4月,中国工商银行等三家银行获准成为首批直接投资设立基金管理公司的试点银行。继基金托管、基金销售后,银行开始涉足基金管理这一基金业的核心领域。近几年来,基金业在证监会的扶植下高速发展,由于资本市场低迷和券商巨额亏损,基金几乎成为证券市场唯一的亮点。对于自身势力版图的扩张,银行乃至随之而至的保险公司表现出相当的热情。乐观的舆论认为,随着这一事业的推进,银行25万亿的人民币存款有望为资本市场注入新的活力。然而,基金业远非一片想当然的净土。2003年至今美国所曝光的基金黑幕恰为世人展现出种种乱象:过度竞争、监管死角、管理人身负的利益冲突。这些事实警示我们,如果不能设立严格的隔离机制遏止利益输送,不能执行有效的信息披露强化公众监督,基金不无重蹈困顿券商覆辙的可能,而银行染指基金管理或许会不幸地成为更大丑闻或危机的起点。

一、银行设立基金公司:规范与疑虑

经国务院批准,中国人民银行、中国银监会和中国证监会共同确定,2005年4月中国工商银行、中国建设银行和交通银行成为首批直接投资设立基金管理公司的试点银行。有关审批工作力争在9月底前完成。这三家银行中哪一家设立的基金公司最先获得批准,将视试点银行的具体

筹备情况而定。[①] 而在此之前,已有商业银行采用间接方式进入基金管理业。例如中国银行通过其在香港设立的全资附属投资银行——中银国际控股有限公司参股中银国际基金管理公司。

三家商业银行获准试点直接设立基金管理公司,并非引起大的惊奇。因为2005年2月20日中国人民银行、中国银监会和中国证监会就共同发布了《商业银行设立基金管理公司试点管理办法》(《试点办法》)。[②]《试点办法》规定:商业银行设立的基金管理公司,按照《中华人民共和国证券投资基金法》规定的业务范围募集和管理基金。试点初期,既可以募集和管理货币市场基金和债券型基金,投资固定收益类证券,也可以募集和管理其他类型的基金。所募集的基金种类,由中国证监会核准。这意味着银行系基金将可能经营股票业务,虚弱的股市为之一振。

中国人民银行会同银监会和证监会,负责商业银行设立基金管理公司的综合协调工作。申请投资基金管理公司的商业银行,应按照银监会的有关规定报送材料,在试点期间应同时抄报中国人民银行。银监会从商业银行总体风险监管的角度,审查商业银行投资基金管理公司的资格,并依法出具商业银行可以对外投资的监管意见。其后商业银行应按照《证券投资基金管理公司管理办法》等有关法律法规,向证监会报送申请设立基金管理公司的有关材料,证监会依法进行审批,有关材料在试点期间同时抄报中国人民银行。三部门联席会议确定,审批工作坚持"试点先行、严格标准、取得经验、稳步推开"的原则。

《试点办法》鼓励商业银行采取股权多元化方式设立基金管理公司,并规定除其条款外,商业银行设立基金管理公司的条件及股东资格,按照《证券投资基金管理公司管理办法》的有关规定执行。《管理办法》2004年8月12日经国务院批准,9月16日经证监会公布,自2004年10月1日起施行。《管理办法》规定了基金管理公司设立、主要股东、其他股东应

---

① 于力:《工建交行获准设立基金公司》,载《中国证券报》2005年4月7日。
② 商业银行收购基金管理公司参照执行,《试点办法》第26条。

具备的条件,并指出:基金管理公司股东的出资比例应当符合中国证监会的规定。基金管理公司的股东不得持有其他股东的股份或者拥有其他股东的权益;不得与其他股东同属一个实际控制人或者有其他关联关系。中外合资基金管理公司外资出资比例或者拥有的权益比例,累计(包括直接持有和间接持有)不得超过国家证券业对外开放所做的承诺。一家机构或者受同一实际控制人控制的多家机构参股基金管理公司的数量不得超过两家,其中控股基金管理公司的数量不得超过一家。

在风险控制方面,《试点办法》要求:商业银行设立的基金管理公司,应建立良好的公司治理结构。商业银行应当严格按照"法人分业"的原则,与其出资设立的基金管理公司之间建立有效的风险隔离制度,报中国银监会备案。商业银行仅以出资额对所设立的基金管理公司承担有限责任,并通过基金管理公司的股东会依法行使股东权利,不得越过股东会、董事会干预公司的经营管理。这与《管理办法》的规定是一致的,后者中的第38条规定:基金管理公司应当建立和股东之间的业务隔离制度;股东应当通过股东会依法行使权利,不得越过股东会、董事会直接干预基金管理公司的经营管理或者基金财产的投资运作,不得在证券承销、证券投资等业务活动中要求基金管理公司为其提供配合,损害基金份额持有人和其他当事人的合法权益。

考虑到银行系基金可能面临的严重利益冲突,《试点办法》进一步规定:商业银行与其设立的基金管理公司不得违反国家规定相互提供客户信息资料,业务往来不得损害客户的正当合法权益。商业银行设立的基金管理公司的工作人员必须与商业银行脱离工资和劳动合同关系,不得相互兼职。基金管理公司的高级管理人员应当符合《证券投资基金行业高级管理人员任职管理办法》的有关规定。商业银行为基金管理公司管理的基金提供融资支持,应按照国家有关规定执行。商业银行可以代理销售其设立的基金管理公司发行的基金,但在代销基金时,不得在销售期安排、服务费率标准、参与基金产品开发等方面,提供优于非关联第三方同类交易的条件,不得歧视其他代销基金,不得有不正当销售行为和不正当竞争行为。

商业银行设立的基金管理公司所管理的基金资产不得用于购买其股东发行和承销期内承销的有价证券。商业银行不得担任其设立的基金管理公司所管理的基金的托管人。商业银行与其设立的基金管理公司在银行间债券市场上不得以优于非关联第三方同类交易的条件进行交易。同时,商业银行设立的基金管理公司和设立基金管理公司的商业银行应分别按照证监会和银监会的有关规定进行信息披露。证监会和银监会还将共同制定商业银行与其设立的基金管理公司之间的关联交易实施细则。

在监督管理方面,银监会对设立基金管理公司的商业银行制定相关风险监管指标计算标准,并实施并表监管。证监会依法对商业银行设立的基金管理公司及其募集和管理的基金实施监督管理,保证基金财产的合法运用和基金份额持有人的合法权益不受侵犯。中国人民银行对商业银行设立的基金管理公司进入全国银行间债券市场依法进行备案和监管。中国人民银行、银监会和证监会对商业银行设立的基金管理公司在依法实施监管过程中,要及时相互通报有关信息,建立监管信息共享制度。

允许银行直接设立基金管理公司,引起了现有基金公司的恐慌。银行本已握有基金托管和基金代销两块业务,由于基金数量众多,银行特别是四大行在基金市场上的谈判地位本来就相当强。如今银行系基金公司直接加入竞争者行列,优势明显:其一在于其销售渠道,其二在于客户资源。现有基金公司普遍担心银行系基金的过多过快进入打破既有格局,同时行业扩张将导致本趋困难的基金发行雪上加霜。

银行系基金在销售渠道和客户资源上的优势同时吸引其他机构合作设立基金公司,而这也契合了管理层鼓励股权多元化的思路。银监会政策法规部主任张元曾表示:“应当积极引进境外合格的投资机构和境内的其他投资机构,与商业银行共同发起设立基金管理公司。这样既有利于商业银行设立的基金管理公司引入先进的管理经验和人才，也符合国家解决保险资金、社保资金运用问题的需要。”③

目前有意合作的两类重要机构一是外资金融机构，二是保险公司。例如，瑞士信贷第一波士顿就在酝酿与工商银行合资设立基金公司。如前所述，银行设立基金管理公司要遵循《证券投资基金管理公司管理办法》的有关规定。《管理办法》对中外合资基金管理公司的境外股东提出了要求：必须是依其所在国家或者地区法律设立，合法存续并具有金融资产管理经验的金融机构，财务稳健，资信良好，最近3年没有受到监管机构或者司法机关的处罚；所在国家或者地区具有完善的证券法律和监管制度，其证券监管机构已与中国证监会或者中国证监会认可的其他机构签订证券监管合作谅解备忘录，并保持着有效的监管合作关系；实缴资本不少于3亿元人民币的等值可自由兑换货币；经国务院批准的中国证监会规定的其他条件。事实上，《管理办法》中关于“基金管理公司的股东不得持有其他股东的股份或者拥有其他股东的权益”的规定，还令汇丰银行（控股）与交通银行合作设立基金管理公司的设想面临障碍，因为汇丰银行现持有交通银行近20%的股份。

保险公司对于介入基金管理的兴趣亦由来已久。2001年即传出中保人寿有意发起设立定向募集证券投资基金的消息，之后受累于汉唐证券崩盘而面临重组的汉唐澳银基金，也希望通过债转股的方式，引入主要债权人中国人民财产保险股份作为控制人。随着2005年2月银监会、保监会、证监会发文批准保险资金直接入市，保险公司设立基金管理公司的热情更高，其中一种思路是在保险资产管理公司下设，另一种就是希望与商业银行合作共同发起设立。

对于正风生水起的银行系基金，笔者则持有相当的疑虑。公开招募基金必然涉及“存款搬家”的问题，事实上其还不仅仅是“搬家”，而且是

---

③　李佳：《招行情定招商基金，瑞士一波转接工行绣球》，载《21世纪经济报道》2005年3月14日。

"变性"——从借贷关系到信托关系,对此银行是否有充分的认识和准备,尚未可知。虽然随着《商业银行法》、《证券法》的修订以及《试点办法》确定的"法人分业"原则,所谓商业银行混业经营的法律障碍不再像以前那样突出,甚至有银行人士(例如建设银行基金托管部副总经理李春信)表示银行成立基金公司并非混业经营④,但是混业经营反对者一直担心的利益冲突与风险叠加问题似乎依然存在。

虽然《试点办法》注意到这一问题并规定了一系列公司治理和风险控制措施,但这些措施是否足够并且能否被有效执行确实存在很大的疑问。正如下文关于美国基金黑幕部分将讨论的,基金业内的利益冲突非常严重,利益输送的手段十分复杂和隐蔽,处理不当完全有可能将目前庞大的银行资产置于险境,同时令中小投资者在不知情中沦为牺牲者。例如,尽管《试点办法》要求商业银行在代销基金产品时不得厚此薄彼,优待关联的基金公司,从事不正当销售行为和不正当竞争行为,但目前现有的基金公司普遍担心遭到事实上的边缘化,为此也在积极与交易所、登记结算公司沟通,筹办场内申购、赎回。

《试点办法》规定的严密性与周延性同样值得推敲。商业银行设立的基金管理公司所管理的基金资产不得用于购买其股东发行和承销期内承销的有价证券,但银行系基金重仓持有其股票的上市公司是否可能得到银行在资金方面的特别关照?与银行有关联的企业、机构会否成为银行系基金公司优待的客户?商业银行不得担任其设立的基金管理公司所管理的基金的托管人,但几家银行像交叉持有各自发行的次级债那样彼此形成默契,是否会在相当程度上削弱上述禁令的作用?

为限制银行系基金可能引发的利益冲突,有人建议其采用"基金中基金"(FOF,Fund of Fund)的形式。FOF投资范围限于其他基金,通过持有其他证券投资基金而间接持有股票、债券等证券资产。要求银行系基金

---

④ 孙晓霞:《银行成立基金公司并非混业经营》,载《证券时报》2005年4月8日。

公司发行FOF产品，一方面可以限制基金公司与银行及其客户之间从事关联交易，另一方面有助于防止银行系基金借助销售优势垄断市场。现有基金公司当然赞同这一方式，但银行、保险公司等决不会满足于这种叠层架屋的间接参与。更重要的是《证券投资基金法》第59条第4款规定：基金财产不得用于买卖其他基金份额，但是国务院另有规定的除外。因此银行系基金采用FOF形式，投资于其他基金产品，需要国务院的特别规定。不过相比之下，社保基金或者企业年金更有可能率先经国务院批准试水FOF产品。

近年来证券公司大规模出现困境、银行不断曝光各种坏账、卷款潜逃事件，相比之下基金业发展比较顺利，似乎三、四年前的基金黑幕早已阴霾不再。然而基金业并非世外桃源，即使一向享有规范有序之誉的美国基金业自2003年来也陷入到一场严重的信任危机和变局中。以下部分从美国此番基金扫黑中所暴露的主要问题和原因入手，探讨监管者所拟制的对策以及各相关方的基本立场和态度，对美国金融界的这一热门事件进行剖析，以期为我国银行系基金的健康发展提供有益的参考和警示。

二、美国基金业黑幕

“下一个是谁？”自从2001年安然事件揭开美国资本市场丑闻的序幕，人们不禁开始在愤怒和不安中猜疑。果然，世通、泰科等上市公司的相继落马首先引爆了会计行业的危机，安达信百年老店关张，毕马威、安永等亦受重创。2002年，证券分析师与上市公司之间不光彩的交易曝光，为了换取相关的投行业务，不少分析师们或自愿或被迫地放弃操守，由公正的裁判角色几近沦为啦啦队长。监管者介入的结果是总额14亿美元的和解赔偿与罚款以及强化独立性体制改革的承诺。2003年以来，危机蔓延到共同基金（Mutual Fund），世人吃惊地发现这个80年来一直被视作净土的行业同样暗藏玄机，在集合投资、造福大众——温情脉脉的口号下原来也涌动着不公正的差别待遇，基金管理公司与对冲基金（Hedge Fund）等大客户暗通款曲、沆瀣一气，不动声色地进行着对普通投资者的掠夺。[5]

（一）“4 点后交易”（Late Trading）

非法的“4 点后交易”是基金黑幕下的重要违法行为。美国的共同基金以开放式的公司型基金为主，投资者通过向基金申购、赎回基金份额进行交易。[6] 依照美国证券交易委员会（SEC）的规定，基金份额净值（NAV, Net Asset Value）根据每日美国东部时间下午 4 点、纽约证券交易所闭市时该基金投资组合中各股票的价格所确定。之前全天所有的申购、赎回均以此净值计算，而 4 点后所接到的买（卖）单则都以下一交易日所确定的基金份额净值计算。

设想某天美东时间下午 5 点，美国联邦储备委员会宣布降息，这对股市而言无疑属于利好消息。可以预见次日股市将很有可能上涨，相应地基金份额净值也会增加。如果此时能以今日已确定的净值购入基金份额，当然有利可图。于是少数投资者努力说服其经手经纪或银行，将本来 4 点之后才下的单子记作 4 点之前收到，与其他正常买（卖）单一道发到基金公司结算交割。基金公司对此违法行径往往心知肚明，但却视而不见，听之任之。关键在于这少数“特权”投资者通常是对冲基金等机构客户，他们的去留对于共同基金影响很大。首先，基金管理人依据旗下基金资产总额一定比例收取费用，留住大客户对于管理人而言意味着收入的保障。其次，20 世纪 90 年代起，共同基金业的竞争日趋激烈。1995 年到 2002 年间，基金数就从 5725 家激增到 8256 家。买方市场的格局使得基金公司难以对其大客户板起面孔，默许甚至配合非法“4 点后交易”的情

---

⑤ 有关美国共同基金（也译作互助基金）、投资公司（Investment Company）及其监管的概括性介绍，可参见〔美〕杰克逊、西蒙斯：《金融监管》（第五部分），吴志攀等译，中国政法大学出版社 2003 年版。

⑥ 郭雳：《开放式基金及其法律问题研究》，载《法学》2001 年第 3 期。

况在业内相当普遍。

显然,正常下单买卖的普通投资者是这一交易的受害者,而在绝大多数情况下他们对于基金公司、经纪以及机构客户之间的幕后勾当一无所知,只是本应由他们获取的收益悄然无声地被稀释了。这种厚此薄彼差别待遇,损害公众投资者的行为恰是美国证券法的大忌。纽约州总检察长艾略特·斯皮兹(Eliot Spitzer)指出:“存在这种现象无异于允许在赛马奔过终点后才下注。”[7]

(二)择时交易(Market Timing)

如果说“4点后交易”属于明显的违法行为,与之近似的择时交易性质则有些暧昧。美国不少的共同基金在境外股票、小盘股、债券上持仓甚重,这样的投资组合为进行择时交易大开了方便之门。[8] 以重仓持有东京市场股票的基金为例,由于时差的关系,当美东下午4点计算基金份额净值时,组合中的那些日本股票价格仍是其14个小时前休市时的价格。假设在日本市场休市的这段时间,出现具有全球性影响的重大利好消息,美国或其他市场股价随之上扬,可以预见日本股市第二天开市后也将上涨。此时精明的机构投资者会大量购入该基金份额,因为他们知道次日的基金份额净值一定增加,到时卖出即可大赚一笔。据专家估计,这种在境外股票投资基金上快进快出的操作手法可以获得平均每年35%~70%的超额回报,而且几乎没有风险。当然,肯定也有人得为这种零风险、高获利的好事负担成本,不幸的是这一担子再次落到了不明就里的普通投资者肩上。首先,类似于“4点后交易”,本来应由这些长期投资者获得的基金增长收益被稀释,快进快出的套利者则分享了好处。其次,为了满足套利者短期内的申购、赎回,基金必须保留更多的现金,于是人为地造成基金成本增加,而这些成本最终则被分摊到广大公众投资者的头上。

---

⑦ *See* Press Release, Office of New York State Attorney General Eliot Spitzer, Sept. 3, 2003.

⑧ *See* James Pethokoukis, *Time for An Accent*? US News and World Report, May 3, 2004.

严格来讲，择时交易并不违法，套利者只不过是巧妙地利用了时差等客观现实。当然，共同基金也不应当乐见其存在，理论上可以采取某些措施加以限制，比如对短期交易施加数量限制或者加征特别的赎回费。然而实践中采取行动的基金却不占多数(比如截止2002年中，采取措施限制套利的不到国际股票基金总数的三成)，原因同样是不愿因此得罪热衷于此道的大客户。换句话说，基金也许会阻挠投资几千美元的散户从事择时交易，但很可能对投资几千万美元的大客户网开一面。除了按基金规模依比例收取管理费的考虑外，大客户还可能会承诺将其他资金交给基金管理人打理，以换取在某一共同基金下进行择时交易的便利。客大欺店也好，堤内损失堤外补也罢，基金管理人总有理由对套利者的行径睁一只眼闭一只眼，反正最终受损害的是那些根本不知情的普通投资者。斯皮兹曾同样以赌博作喻，描述择时交易："就像虽然表面上禁止作弊，但出于暗地里的利益交易，赌场默许某些赌客使用灌了铅的色子。"在其处理的一宗备受瞩目的案件中，大名鼎鼎的美洲银行、第一银行等旗下共同基金都被查出为其大客户、对冲基金 Canary Capital Partners 从事择时交易、4点后交易提供便利。⑨

择时交易的手法其实早在二十年前就已出现，但其大规模使用则出现在1998年以后。一方面，共同基金大量增加，竞争日趋激烈；另一方面，对冲基金越来越热衷于进行择时交易套利。互有所求的双方很自然地走到一起，彼此配合，各取所需。另外一个很重要的背景是，2000年至2002年间股价跳水，在熊市大环境下热钱变得更热，快进快出的套利成为最好的选择，选择长期持有的似乎只剩下无助的或者是被套牢的散户。

（三）12b-1费用与"软钱"(Soft Dollars)

但凡金融黑幕，总会涉及资金的来源或用途不清，此次也不例外。这

---

⑨ *See* James Pethokoukis, *Time for An Accent*? US News and World Report, May 3, 2004.

其中,12b-1费用与“软钱”的问题又是两大焦点。所谓12b-1费用,源于SEC在1980年颁布的规则12b-1,其允许基金每年将资产的1%支付给销售基金份额的证券公司或财务顾问。换而言之,12b-1费用属于一种销售费用。当时整个基金业正陷入严重的低迷,SEC希望通过此举,刺激基金份额销售,吸引更多的新投资者,使基金业恢复生机,同时借助规模经济效应,最终降低基金成本。此后二十多年间,虽然由于股市上涨以及养老投资需求强劲,基金业早已一扫颓势,持续增长,但12b-1费用却作为一项传统而被保留至今。问题在于现在大多数投资者都不清楚除了明确的申购、赎回费用之外,自己还要间接地通过12b-1费用持续负担销售成本,而且这种以资产规模确定费用方式的合理性也值得商榷。

在基金销售过程中也存在其他一些不当行为。例如,虽然全美证券商协会(NASD)规则禁止在基金销售中给予旅游、宴会、高价演出票等非现金补偿,一些基金公司为刺激销售,并未设立监控制度加以预防,相反助长这种违规行为。非现金补偿安排可能导致销售人员的利益冲突,并对相关公司监督其销售能力产生干扰。

所谓“软钱”,是指基金在买卖其投资组合内股票时,付给经纪人高于标准的佣金;作为对此超额部分的回报,经纪人向基金管理公司提供某种服务(经纪人所在投行自己的研究报告、从独立研究机构等第三方转购的研究报告)或商品(信息服务电脑终端等)。显然,基金管理公司将本来需要从自己所获管理费中列支购买的部分,悄悄地摊入了基金成本,转嫁到投资者的头上。由于软钱通常难以显现出来,投资者往往根本无从察觉。因此个别乖张的基金管理人甚至接受或者要求经纪人以软钱部分为其代付豪华公寓租金,或者购买其他奢侈服务。[10]

(四) 不当披露

不当披露的问题主要体现在选择性披露投资组合和转折点披露上。

---

⑩ *See* Paula Dwyer, *Mutual Funds*: *Carpe Diem*, Business Week, April 5, 2004.

基金管理公司有时将基金投资组合情况事先披露给一些大客户,后者根据这些情况结合对组合证券的分析和对市场的判断,决定申购还是赎回。选择性披露投资组合无疑违背了公平、平等与及时的原则。除此之外,一些前端收费的基金规定,投资者的资金达到一定规模后,费用可以打折。该规模的起点被称为转折点(breakpoint)。由于披露方面存在缺陷,投资者在实践中往往无法享受到打折的好处。[11]

三、监管改革与政策博弈

上述违法违规现象浮出水面后舆论大哗,美国国会、证券交易委员会(SEC)、州监管机构等纷纷采取行动,提出整改方案。除了酝酿改革完善监管规则,SEC 接连对美洲银行等二十多家基金管理公司或券商施加制裁,包括谴责、责令停止侵害、返还违法所得、罚款、暂停或终止资格、市场禁入、提起诉讼等,并要求违规公司聘请独立专业机构,提出加强内部控制和公司治理的举措。NASD 等自律组织也针对基金公司择时交易、不当费用等处以罚款。与此同时,基金行业则逐渐稳住阵脚,一方面对 SEC 提起的诉讼要求和解,如美洲银行就为此支付了 3.7 亿美元,作为罚款以及对投资者损失的补偿;另一方面努力为自己辩解开脱,并与监管者讨价还价,力图捍卫现有格局和既得利益。目前各方之间的博弈仍炽,其间是非曲直也颇耐人寻味。

(一)“4 点后交易”

针对上述“4 点后交易”违法行径,SEC 拟定推出所谓“严格 4 点规则”(Hard 4pm Close Rule)。该规则要求:只有每天下午 4 点钟时已在基金公司(或其特定代理人)手上的单子才可按当日净值计算。相比之下,

---

⑪ 叶俊英:《从美国共同基金丑闻看基金治理安排》,载《证券市场导报》2004 年第 10 期。

目前的做法允许经纪人在傍晚时将4点之前收到的单子传递到基金公司,因此涉及"4点后交易"的单子有机会被混入其中。共同基金行业组织——投资公司协会(Investment Company Institute)对该规则草案表示支持,认为此举可以有效地杜绝"4点后交易",而且考虑到法律对SEC就某些经纪行为的监管(如退休基金计划)有所限制,"严格4点规则"称得上是最合适的方案。

反对该草案的声音依然高亢。经纪人们声称执行"严格4点规则",将置个人投资者于非常不利的境地,理由是因为处理买(卖)单需要时间,他们将不得不把收单的截止时间相应提前(如提前到下午2点),这样一来个人投资者每天可以下单的时间将被压缩很多。特别是对于美国西海岸(由于时差)以及退休基金(由于处理更加复杂)投资者而言,这一规则影响更大。同时反对者们(包括银行、保险公司、财务规划师、退休基金计划提供者甚至美国市长联盟等)还指出,这种貌似"一刀切"的公平规则将造成新的不公平:有些投资者(主要是机构投资者)可以绕过经纪人在4点前直接下单,相反由于法律的限制,另外一些投资者则必须通过经纪人交易,从而不得不遵守被提前了的截止时间(如2点)。设想假如美国联邦储备委员会于下午3点发布消息,则会出现一部分人闻风而动,而另外一部分人无计可施的局面。

虽然经纪人们突然摇身一变,以公众投资者利益代言人形象出现难以令人信服,但鉴于目前绝大多数基金买卖由他们经手、工作量巨大以及拥有前述众多同盟军的现实,SEC也不得不重视他们的意见,考虑软化"严格4点规则"。可能的变通包括允许基金公司在4点以后接收合乎某些条件经纪人所传递的单子,但前提是通过技术手段(如电子打卡)保证这些单子是在4点之前到达经纪人的。目前美国金融界普遍认为近期实施"严格4点规则"的前景并不乐观。SEC也在认真研究其他替代方案能否达到近似效果,比如要求经纪人具状保证不向基金公司传递任何"4点后交易",以及对其开展年度审计,督促其采取有效措施防止此类现象出现。

（二）择时交易

为遏制择时交易，SEC 于 2004 年 4 月 13 日发布了新规则。首先，新规则要求共同基金在其募集说明书中披露频繁申购、赎回行为而可能给其他基金份额持有者所带来的风险，包括：长期投资者的利益被稀释，干扰基金正常的投资组合以及增加经纪和管理成本。该披露必须针对本基金特点（投资目标、政策、策略等），如果是海外股市投资基金，则应当披露因时差造成的套利风险。其次，新规则要求共同基金在其募集说明书中表明其董事会是否针对频繁申购、赎回行为采取了相应的防范对策、程序，如果没有，则须说明未采取对策的特殊理由。再次，新规则要求共同基金在其募集说明书中对其限制频繁申购、赎回行为的防范对策、程序作详细说明，包括基金是否不鼓励这类活动、基金是否容忍这类活动、基金减少或消除这类活动的限制性措施。此外，新规则要求共同基金在其额外信息声明中披露其允许频繁申购、赎回行为的相关情况，包括从事这类活动主体的身份以及基金、基金管理人、其他相关方由此获得的利益。有别于其征求意见稿，新规则最终没有要求基金披露其识别确认频繁申购、赎回行为的对策、程序。之所以如此，是担心该信息的披露反而为套利者采取“反侦察”行动提供指南。

在强化信息披露的同时，新规则中还包括了遏制择时交易的一些措施，比如公平计价法（Fair Value Pricing）。如前所述，股价变化是诱发套利行为的症结所在。公平计价法要求：在海外股市闭市后发生了重大事件、会引起价格波动的情况下，基金在确定当日份额净值前应考虑该因素，对组合中有可能受影响的股票价格预先进行调整，从而压缩择时交易的套利空间。假如该海外股票同时发行有美国存托凭证（ADR），则其美国存托凭证的价格可以作为参考，因为后者的交易是遵循美国市场时间的。新规则要求除货币市场基金以外的其他所有共同基金在募集说明书中解释其应用公平计价法的特定情形，以及应用公平计价法所带来的影响。不过，新规则没有要求基金披露其确定公平价格的具体方法和公式。

除此之外，SEC也在考虑采用其他办法进一步限制择时交易。例外2004年2月，SEC草拟了一项“强制性2%赎回费用”(mandatory 2% redemption fee)的新规则，向全社会征求意见。其实早在黑幕曝光之前，就一直有基金自发采用加收赎回费用(通常为1%～2%)的办法来限制择时交易，不过这次SEC希望通过规则的形式，强制性地在所有基金中推广。具体办法是对所有在申购基金份额5日内要求赎回的投资者，强制性征收2%的费用。该费用将归入基金资产，不得由基金管理人取得。投资公司协会对该规则草案表示支持，但对此持异议的仍大有人在。他们认为：首先，2%赎回费用只能限制，而不可能杜绝择时交易，只要股价波动足够大，套利者还是会这样做，征收费用不过是增加了他们的成本而已。其次，这样做可能会伤害无辜的普通投资者，因为散户往往也有紧急变现资产的需要，加收赎回费用将会对其有不利影响。

草案支持者则反驳说，这些理由不过是基金特别是基金管理人维持现状的借口。事实上，草案对于上述问题是有所考虑的。首先，草案照顾普通投资者的利益，允许基金对总额2500美元以下的赎回行为免征该强制性2%赎回费用。其次，允许基金针对未预料到的紧急财务状况免征费用。再次，该赎回费用不适用于货币市场基金以及交易所交易基金(exchange-traded fund)。最后，草案不适用于那些本身设计就允许择时交易并对其进行了充分披露的基金。因此尽管套利者组织、财务顾问团体激烈反对，舆论倾向于认为该规则最终也将付诸实施。

值得指出的是，除了SEC完善规则的努力，其他一些机构也纷纷为解决择时交易的问题献计献策。例如，推广使用较少受择时交易影响的交易所交易基金。此外，著名的智库团体——30人集团(G-30)还提出了从计算净值办法入手的方案，即变目前的“T计价”为“T+1计价”，弱化股价波动的影响。不过，该方案在技术上虽有一定的合理性，但恐怕会引发新的问题,因为至少投资者的风险暴露会延长,大部分人未必愿意接受。

(三) 12b-1 费用与“软钱”

作为改革措施,美国国会参议院提议全面禁止 12b-1 费用,众议院的方案则比较温和,只禁止那些不再发展新投资者的基金运用 12b-1 费用。然而无论哪项提案,都面临相当大的阻力。因为 12b-1 费用业已成为基金销售领域的重要特色之一,每年总额达 100 亿美元。基金及基金份额销售者大多主张目前这种操作运行良好,没有大改的必要。个人财务顾问们更四处活动,声称取消 12b-1 费用将置自己这一行业于极大困境。另外由于取消 12b-1 费用可能需要对基金章程进行修改,困难不小,因此近期内针对 12b-1 费用似乎难有大动作。相对比较可行的措施包括:要求基金加强披露,使投资者更加了解 12b-1 费用的存在和使用情况;改革其计算征收方法,由总额乘以一定比例变为分账户直接扣减等。目前 SEC 正在就是否采取这些措施向社会征询意见。

根据这次扫黑所暴露出的情况,软钱的应用在基金业内相当普遍,Morgan Stanley、Bank One Corp 等都在其列。由于软钱使用源于 1975 年国会的授权,因此对其做大的调整少不了国会的行动。参议员 Fitzgerald、Collins、Levin 等已提交一项议案,要求将软钱所换取的服务限定于经纪人自己提供的部分,而把从第三方处转购的部分排除在外。投资公司协会也向 SEC 提出了类似建议。相比之下,众议院的议案较为温和,其重点在于强调就软钱安排,向基金董事以及投资者进行披露,并且要求 SEC 加强对相关问题的研究,拟定相应对策。

无疑,并非所有人都愿意接受这样的变化。受到直接影响的独立研究机构反应尤为强烈,认为该措施将对其生存构成直接威胁,加之这两年对证券分析师独立性的大整顿,研究行业可谓是“屋漏偏逢连阴雨”,前景暗淡。而如果研究质量下降,基金投资的业绩也会大受影响,到头来受损害的还是投资者。不少基金以及经纪公司都附和这一主张。此外,如何恰当地界定“服务”这一概念也会是个棘手问题。但无论如何，强化对软钱安排的披露这一趋势是毋庸置疑的。

（四）不当披露

2004年4月，SEC发布了关于选择性披露投资组合的新规则。相较之前的规定，即基金应在招募说明书、简明招募说明书及网站说明中声明其投资组合披露的政策和程序，新规则要求增加说明：这些政策和程序如何在不同类型的人（机构投资者、个人投资者、销售中介、第三方服务提供者、评级或评估机构、基金的附属人员）之间适用；对使用所披露组合证券信息的条件或限制，包括信息保密的要求以及监控信息使用的程序；披露投资组合信息的频率以及信息发生及披露的时间间隔；关于披露投资组合信息所收取的补偿或对价的政策与程序；有权授权披露投资组合的人员；保证披露投资组合信息有利于基金投资者利益的程序，包括如何处理基金投资者与投资顾问等有关当事人利益冲突的程序；基金董事会监控基金投资组合披露的方法。新规则允许具有合法业务目的的选择性披露，例如出于基金评级的需要、基金资产分包给其他投资顾问、更换基金管理人、基金合并等情况。但选择性披露投资组合必须事先设立其政策和程序，不违反法律及信托义务，并提供补偿，同时获取信息方负有保密义务。

2004年5月，SEC通过转折点披露规则。该规则要求加强对转折点折扣有关信息的披露，以帮助投资者了解打折的机会。该规则要求：基金在招募说明书中简要描述达到转折点的安排；基金在招募说明书中描述用于对账户进行估价的方法，以确定持有人是否达到转折点要求；如果可能，基金应在招募说明书中解释，持有人为获取转折点折扣，应当向基金或中介机构提供何种信息和资料。[12]

---

⑫ 叶俊英：《从美国共同基金丑闻看基金治理安排》，载《证券市场导报》2004年第10期。

解决这些问题的办法不一而足,其各自效果亦有待观察,但强化信息披露确实是一切改革方案中不可或缺的组成部分。“阳光是最好的消毒剂,公开可以治愈社会和工业的顽疾”,美国联邦最高法院大法官布兰代斯(Brandeis)的这句名言代表了美国证券法的取向,也在这次事件中再次得到证实。缺乏有效的公开机制和有力的执行手段,监管者就有可能被蒙蔽、被弱化,对投资者的保护就更有可能被贪婪的行业利益所吞没。信息可以换取财富,规则可以提供变通,损人自肥、厚此薄彼的隐秘行径却终究与法难容,或者最少应当大白于天下。

四、公司治理与监管主体

(一)独立董事与董事会主席

择时交易、4 点后交易等不当行为的背后隐含着其他深层次的问题。斯坦福大学管理学院教授 Eric Zitzewiz 研究发现,就择时交易对投资者保护最少的基金恰恰是那些董事会中内部董事比例最高的基金。尽管独立董事看上去并没有什么作为,但独立董事较少的那些基金往往问题较多。有鉴于此,SEC 在 2004 年 1 月提议将基金董事会中独立董事的比例由 66% 提高到 75%,而且董事会主席必须由独立人士担任。该提议无疑在投资者中得到了广泛支持,国会两党中也有一些重量级人物(比如众议院金融服务委员会主席 Michael Oxley、参议员 Peter Fitzgerald 等)认可。但此举特别是后一要求对基金业影响很大,因为目前绝大多数情况下,是由基金管理公司高层兼任旗下各只基金董事会主席的。极负盛名的 Fidelity 基金管理公司主席 Edward Johnson 3d 充当了反对派的首领,这位 75 岁(已超过其旗下基金独立董事的年龄上限,但仍担任着多只基金董事会主席）的基金业传奇人物亲自在《华尔街时报》撰文批驳 SEC 的提议。[13]

在这场争论中，著名研究机构晨星（Morningstar）站在 SEC 一边，指出唯其如此，才能加强基金的独立性，减少利益冲突，否则实在难以指望董事会能够对基金管理人说不，更不要说将其解聘。Edward Johnson 3d 对此则不予认同，主张："正是由于有在基金中的巨大投入，才使我个人的利益与投资者利益紧密联系，才促使我全力以赴地工作，这也是人们购买我管理基金的重要原因。如果他们信不过我，大可以用脚投票，选择离开；而且如果需要，独立董事占绝对多数的董事会完全可以选出一位独立的主席，由 SEC 强制性规定主席的（否定性）资格毫无必要。这根本就像是要在一艘船上设两个船长"；"说句白话，对投资者好，基金才好"。这位亿万富翁（其家族拥有 Fidelity 一半以上）的话听上去掷地有声。[14] 必须承认，Edward Johnson 3d 的言论并非只代表个人立场，其背后的支持者包括了美国商会、工商圆桌会议等具有重要影响力的组织。这些既得利益集团具有极强的游说能力。事实上，众议院在通过一项相关法案时就特别删除了其中要求董事会主席独立的规定，不少议员明确表达了对 SEC 这项提议的反对。

也许是为其老板的说法提供佐证，Fidelity 推出了一项研究报告，通过对 14 个独立主席基金家族和 43 个非独立主席基金家族的比较发现，由非独立人士担任主席的基金业绩更出色。同样具有讽刺意味的是，这次基金扫黑中的一个主要目标 Putnam Investment，恰恰是由独立人士担任主席的。虽然无法就此否定 SEC 的立场，但像当年安然公司独立董事完全符合要求的事实一样，这个反例的存在仍为异议者提供了依据。研究机构晨星却不为所动，认为 Fidelity 报告以偏概全，不当建立因果关系；同时也驳斥了 Edward Johnson 3d 的观点，指出：兼任主席所引发的利益冲突远

---

⑬ *See* Edward Johnson 3d, *Why I Share the Shareholder's Interest*, Wall Street Journal, Feb. 17, 2004.

⑭ *See* Beth Healy, et al, *Fidelity Chief Hits SEC Plan for Independent Chairman*, The Boston Globe, February 18, 2004.

大于其所带来的利益协同好处；由于法律对退休基金的限制，投资者有些时候很难用脚投票离开；此外，以 Fidelity 本身为例，每位高层平均要负责监管 291 家基金，实在是力所不逮。作为结论，晨星认为：虽然单独实施独立主席这一措施无法对基金治理产生决定性的影响，但作为整体方案中的一个组成部分，其对强化投资者保护还是具有非常重要意义的。⑮

整体上，笔者比较赞同 SEC 以及晨星的主张，基金管理公司与基金、投资者之间存在的利益冲突是非常严重的。也许我们不能武断地质疑 Edward Johnson 3d 言论的真诚，但如前所述，在对待对冲基金择时交易的问题上，基金管理公司与广大普通投资者的诉求有时确实是背道而驰。也许以往骄人的业绩足以支撑 Edward Johnson 3d 所展示的自信，但其表达中流露出的对普通投资者的轻慢却实在不应当，毕竟投资者才是基金真正的主人（所有者），而不仅仅是客户而已。

2004 年 6 月 23 日，SEC 发布了关于加强基金公司治理的规则。该规则强化了对投资者利益保护的能力，强调董事会的独立性和有效性。主要内容包括：(1) 董事会组成的独立性。要求独立董事在董事会中的比例达到 75%。(2) 由独立董事担任董事会主席。(3) 要求董事会每年进行一次自我评估，评估内容包括董事会委员会的构成以及董事所任职基金的只数。(4) 要求独立董事至少每季度举行一次单独的会议。(5) 授权独立董事雇佣人员协助工作。

在之前的 2003 年 12 月 17 日，SEC 还发布了"投资公司和投资顾问的合规程序"，要求基金制定并实施旨在防止违反联邦证券法的政策与程序，同时任命一位督察长（Chief Compliance Office）负责管理这些政策与程序。督察长应符合任职资格，并被赋予充分的权限。督察长直接向董事会报告工作，每年必须向董事会书面报告基金及其服务提供商执行合规政策与程序的情况。报告至少应包括：自上次报告以来基金及其服务提

⑮ *See* Morningstar, *Fidelity Misses the Point on Independent Chairs: Chief Executive Johnson Argues for the Status Quo*, March 23, 2004.

供商的合规情况；上次报告以来有关合规政策与程序的任何重大变化；上次报告以来任何重大的合规性问题。规则要求督察长每年应当至少与独立董事举行一次单独会议。严禁基金董事、高管、员工及相关人员以直接或间接方式，胁迫、操纵、误导或欺骗督察长，从而影响其履行职责。[16]

（二）国会、SEC还是斯皮兹

基金业黑幕重重，由谁来主持激浊扬清同样颇费思量。如前所述，作为立法者，美国国会在12b-1费用、“软钱”等领域业已积极行动，并可望有所进展。然而指望通过国会决议解决所有问题显然并不现实。国会是社会的缩影，各个利益集团都通过其在国会中的代言人尽量趋利避害，针锋相对的情况往往在所难免，想要短时间内达成一致或妥协着实不易。比如在前述反对“严格4点规则”的声浪中，来自加利福尼亚州的女参议员Boxer就调门甚高，因为位于西海岸的该州投资者所受影响较大。其同盟军参议员Grassley、Baucus等人则主要从另一类可能受害人——退休计划投资者的角度着眼，对“严格4点规则”提出非议。再比如，在董事会主席独立性的问题上，国会议员间的立场冲突亦十分明显：众议院金融服务委员会主席Michael Oxley、参议员Peter Fitzgerald等人为SEC的提议背书，敦促其尽快行动；与此同时，另外十多位议员则致信SEC，支持Edward Johnson 3d的主张，明确反对SEC的提议。[17]

作为美国证券市场主要监管者的SEC，日子也不好过。它首先要面对的就是其内部的意见分歧。例如，SEC首脑、五位委员之一的Glassman女士就公开质疑独立董事会主席的合理性，认为实践证明这项要求并非必要。再比如在“强制性2%赎回费用”的问题上，另一位委员Atkins就曾直接投票反对将该措施列入规则草案，认为这么简单化的做法根本就

---

⑯ 叶俊英：《从美国共同基金丑闻看基金治理安排》，载《证券市场导报》2004年第10期。

⑰ *See* Karen Damato & Judith Burns, *Cleaning up the Fund Industry*, Wall Street Journal, April 5, 2004.

不值得提交社会讨论,理由是其将严重影响有紧急变现需求的中小投资者利益。除此之外,SEC 还不得不承受日益高涨地来自学界的批评,就连像 Joel Seligman 教授这样的证券法权威学者也忍不住开始含蓄地表达失望情绪。在 SEC 历史学会的发言中,他借古讽今,在回顾 SEC 辉煌历史后,评价其近期工作缺乏整体思路,反而更像是个灭火队员。[18]

更加严厉的斥责指出:基金业黑幕发展到如此地步,SEC 本身也应承担相当的责任。之前对某些问题 SEC 并不是完全没有察觉,只是态度摇摆,举措不力,才导致现在的局面。例如针对择时交易,SEC 在 2001 年 4 月就曾致信投资公司协会,要求基金加以注意,并建议采用公平计价法。然而由于缺乏有效的督促措施,大多数基金对此阳奉阴违,并没有付诸行动。执法偏软也是一个重要原因。SEC 监管着美国庞大的基金业,人手长期不足,以 2001 年的频率,其对基金合规性的检查五年才轮到一次。即使查出问题,由于规则不细等原因,多数也以非公开的罚款、基金承诺改正了事。而且随着投资公司协会、纽约律师协会等不断施压,SEC 的立场在 2001 年底进一步软化,态度更加暧昧。

平心而论,基金圈内的某些劣行 SEC 也许确不知情。但这恐怕也要部分归因于其自 20 世纪 80 年代以来的不断放松监管,豁免基金的报告义务,它使得本来就相对封闭、非常复杂的基金业越发难以为外人所了解,投资者的知情权更加无法得到有效保护。而且,可能有别于一般人的想象,在与行业利益的较量中,SEC 本来就未必总占上风。20 世纪 90 年代,强调保护中小投资者的 SEC 前主席 Arthur Levitt 就力主及早动手,防范会计师事务所兼营咨询业务所引发的利益冲突。但会计行业岂肯轻易就范,硬是成功地游说国会,以削减 SEC 预算相胁,迫使 SEC 大幅让步。SEC 的此番败北一定程度上也为安然事件埋下了祸根。回头来看,类似的故事在基金业内亦时有发生,只不过不那么令人瞩目和富有戏剧性而

---

[18] *See* Dan Jamieson, *They' re Killing Mutual Funds: The Scattered Approach to Fixing Funds May Do More Harm Than Good*, On Wall Street, April 1, 2004.

已。此外，SEC 与金融界、律师界之间若隐若现的"旋转门"实在难说对其立场偏软没有影响。由于存在很大可能将来转行投身华尔街（备受争议的 SEC 另一位前主席 Harvey Pitt 即是一例），除非是涉及原则或社会关注的焦点案件，否则 SEC 人员一般也不愿轻易与未来老板或同行结怨，落下难相处的坏名声。

基金黑幕的曝光使得 SEC 可以而且不得不强化监管，但类似安然事件，这样的"契机"同时也意味着其必然丧失部分主导权。正像 Sarbanes Oxley 法案直接改革会计行业，如前所述国会也将通过立法调整基金业的某些问题。不过更令 SEC 难堪或者紧张的恐怕还是，纽约州总检察长斯皮兹在基金扫黑过程中再领风骚。一如其在调查证券分析师丑闻时所表现出的强悍风格，斯皮兹不仅依据纽约州法（如 Martin Act）迫使违规基金以及其他当事方低头，缴纳巨额罚款，而且在和解协议中要求基金下调费率以补偿投资者的损失。考虑到其手下只有十多位人员，这位纽约州总检察长的工作绩效确实不俗。而且舆论认为，正是由于有斯皮兹的存在，才促使 SEC 加快了对美洲银行旗下基金等的处理。[19] 因此哥伦比亚大学法学院 John Coffee 教授等主张：SEC 之外，州监管者的作用也应得到重视，一定范围内的监管竞争也许是件好事。

当然并不是所有人都欣赏斯氏的所作所为。有评论猜测其激进的做法更多地是为了博取更高的知名度和选民好感，为将来实现更大的政治抱负铺路。也有人指出，斯皮兹工作效率高、受华尔街影响小固然是优势，但其缺乏全局考虑、一味下重手的做法从长远来看可能对基金市场并没有什么好处。笔者所见对斯皮兹行为最猛烈的抨击来自加州大学洛杉矶分校的 Stephen Bainbridge 教授。Bainbridge 教授强调证券监管中的联邦主义。首先，他认为在法律上斯氏无权干涉基金费率的设定。其次，虽然斯氏作为个案或许无关大局，但如果听任甚至鼓励所有州监管者各行

---

⑲ *See* SEC Release on Settlement with Bank of America for Market Timing and Late Trading, March 15, 2004.

其是，相互之间以及与 SEC 之间盲目竞争，则资本市场将可能出现巴尔干化。最后，他表示斯氏四处插手的做法实际上根本有悖于所谓监管竞争的理想模式。[20] 看来在如何有效监管的问题上同样是仁智互现，难以达成一致，国会、SEC 以及州监管机构“三足鼎立”的局面估计还将持续下去。

（三）汰劣存优、创新求进

大浪淘沙，汰劣存优。在 Putnam、Alliance、Janus、Strong 等一批基金为丑闻所困扰的同时，几个最大的基金家族却证明了自己确实是这一行业的领导者。排名前三甲的 Fidelity、Vanguard、American 都没有被查出存在较大问题，而且其旗下基金保持了一贯的优异业绩。比如在过去十年间，89% 的 Fidelity 基金与 78% 的 Vanguard 基金领先同辈。[21] 除了如前所述就董事会主席资格，Fidelity 基金管理公司主席 Edward Johnson 3d 与监管者意见相左以外，在其他敏感问题上，这些基金其实都做得相当不错。例如针对择时交易的现象，Fidelity、Vanguard 等旗下基金很早就主动采用了公平计价法，保护普通投资者的利益。

由于有这些绩优生的存在，此番基金黑幕曝光并未引发投资者很大的恐慌。相反，伴随美国经济复苏，更多的资金被投入到以 Fidelity、Vanguard、American 等为代表的优质基金。2004 年第一季度，基金所持股票总额增加了 1350 亿美元。可以说，美国基金业强者愈强的态势越发明显。据统计截止 2003 底，Fidelity 和 Vanguard 两家就管理着总值 1 万 3 千亿美元的股票、债券资产，约占美国整个基金业的 26%。

当然，成功者并非就没有烦恼。首先，有研究表明：随着基金盘子的扩大，其提高或保持业绩的困难将大幅度增加。[22] 如何管理好不断涌入的资金，是 Fidelity、Vanguard 等必须认真考虑的问题。而且，目前 Vanguard

---

[20] *See* Stephen Bainbridge, *Spitzer Goes over the Line*, available at www2. techcentralstation. com.

[21] *See* Paul Lim, *Two Giants Square Off*: *Fidelity and Vanguard are Bigger than Ever Since the Fund Scandals*, US News and World Report, May 3, 2004.

[22] Ibid.

已经开始出现人手不足、服务偶尔延迟的情况。其次，有人担心这种强弱分化的态势从长远来看并不是什么好事。一方面，人们在投资时将越来越可能仅基于习惯或印象就选择 Fidelity、Vanguard，而忽略其他实际上非常优秀的小牌基金。另一方面，万一今后 Fidelity 等也被查出问题，其对市场的冲击将是灾难性的。

这些大牌基金管理公司也在不断探索未来的发展道路。Fidelity 雄心勃勃，希望扩张为更加全面的金融服务提供者。比如在经纪业务方面，与 Merrill Lynch 等巨头以及 E * Trade 等新贵展开激烈搏杀。同时，巩固和扩大自己在养老基金领域的传统优势。相比之下，Vanguard 的转型更加激进和具有争议性。长期以来，Vanguard 一直是以低费用、指数型的被动性投资为特征，通过强调保护中小投资者利益赢得声誉。其董事会成员之一、普林斯顿大学经济学家 Burton Malkiel 曾指出：投资于美国所有公众公司股票的指数型基金，业绩优于绝大多数由管理人积极主导的基金。[23]然而，Vanguard 现任 CEO John Brennan 似乎倾向于更均衡的发展模式，这意味着在管理人积极主导基金上投入更多的精力，未来有可能形成两者更占一半的格局。面对指数型色彩的淡化，Vanguard 创始人 John Bogle 婉转地向其继任者表达了忧虑和告诫，希望后者从自己 20 世纪 80 年代的失败转型中汲取教训，不要轻易尝试改变指数型基金这一风格。[24] 与此同时，American 则在检讨其倚重经纪人完成基金份额买卖的策略是否得当。无论未来实际走向如何，美国基金业巨头们居安思危、创新求进的努力都将牵动全球金融界的目光。[25]

我国基金业起步较晚，目前又都采取契约型模式，无论在发展阶段还是法律形态方面，都与美式投资公司型的基金存在很大差异，因此这次美

㉓ *See* Kim Clark, *Vanguard Gets An Earful: Critics and Customers Fear the Firm Has Lost Some of Its Idealism*, US News and World Report, May 3, 2004.

㉔ Ibid.

㉕ "Publicity is justly commended as a remedy for social and industrial diseases. Sunlight is said to be the best of disinfectants." *See* Brandeis, *Other People's Money*, 1914.

国基金扫黑中所暴露出的主要问题在我国现阶段未必有直接的反映。然而，管理人身负的利益冲突、监管死角、过度竞争恐怕是所有基金黑幕的共同根源。利益驱动下的博弈主体也不可能不对监管者产生影响。如何建立有效的隔离机制，防止银行系基金厚此薄彼，侵害中小投资者利益，甚至沦为大股东、大客户倒仓等利益输送的工具，是值得严肃对待和认真研究的课题。

第五章　资产证券化

银行资产证券化的法律思考

简而言之，资产证券化是以证券形式出售各种类型应收款资产（贷款、租金或信用卡余额等）的结构性融资活动。[①] 资产证券化实践始于20世纪70年代美国政府全国抵押贷款协会（Ginnie Mae）抵押贷款的打包出售。80年代初期，美国联邦住宅抵押贷款公司（Freddie Mac）、联邦全国抵押贷款协会（Fannie Mae）也开展了类似的活动。1985年非抵押贷款的证券化出现，其支持资产为计算机租赁所产生的现金流。至今发行在外的各类资产证券化产品总值已达七万亿美元。

近年来，我国对资产证券化的研究不断深入，不少机构也在积极探索证券化的应用。2001年中国人民银行由货币政策司和金融市场司牵头成立资产证券化小组，2003年9月中国证监会也成立了专门的资产证券化小组，到2004年有近十个国家相关部门协商资产证券化运作。2005年初，国务院同意由国家开发银行和中国建设银行分别进行信贷资产和住房抵押贷款证券化的试点。同年4月以来，中国人民银行、银监会、财政部、建设部等的一系列相关规章和规范性文件出台。

---

① 在传统型资产证券化的基础上，国外还发展出所谓的合成型资产证券化（synthetic securitization）。合成型资产证券化结构中，至少要有两个不同风险档次的证券（不同的档次代表不同程度的信用风险）。资产池信用风险的转换，部分或全部是通过信用衍生工具或担保来实现的，它们能够对资产的信用风险进行规避。信用衍生工具可以分为资金来源预置型（如信用联系型票据 credit-linked notes）或资金来源非预置型（如信用违约互换 credit default swaps）。相应地，投资人的风险依赖于资产池中资产的收益（《巴塞尔新资本协议》第503段）。本文重点讨论传统型资产证券化。

一、资产证券化规则初定

2005年4月20日，中国人民银行、中国银监会共同发布了《信贷资产证券化试点管理办法》（以下简称《试点办法》）②，成为目前关于资产证券化最重要的游戏规则。在试点阶段，暂时只有国家开发银行、中国建设银行两家可以按照《试点办法》，申请开展信贷资产证券化。③ 5月16日，财政部发布《信贷资产证券化试点会计处理规定》（以下简称《会计规定》）④，就信贷资产证券化相关会计问题作出规定。同日，建设部发布《关于个人住房抵押贷款证券化涉及的抵押权变更登记有关问题的试行通知》⑤，就个人住房抵押贷款证券化涉及的抵押权变更登记的条件、程序和时限等问题进行规定。6月13日，中国人民银行公布《资产支持证券信息披露规则》⑥，对资产支持证券的信息披露加以规范。11月7日，中国银监会发布《金融机构信贷资产证券化监督管理办法》⑦，规范金融机构开展信贷资产证券化业务。

资产证券化的过程涉及分别担任不同职责的众多机构。按照《试点办法》第2条规定，银行业金融机构作为发起机构，将信贷资产信托给受托机构，由受托机构以资产支持证券的形式向投资机构发行受益证券，以该财产所产生的现金支付资产支持证券收益。发起机构、受托机构和投资机构之间构建的信托关系是信贷资产证券化的核心。在此基础上，受托机构又将其处理信托事务的职责分别委托给贷款服务机构、资金保管机构、证券登记托管机构等服务机构，以保证妥善管理贷款并按约定分配

---

② 中国人民银行、中国银行业监督管理委员会公告[2005]第7号。

③ 中国人民银行、中国银行业监督管理委员会有关负责人就发布《信贷资产证券化试点管理办法》答记者问。

④ 财会[2005]12号。

⑤ 建住房[2005]77号。

⑥ 中国人民银行公告[2005]第14号。

⑦ 中国银行业监督管理委员会[2005]第3号。

贷款本息。

资产支持证券是一种信托受益凭证，代表特定目的的信托的信托受益权份额，具有以下特点：第一，受托机构以信托财产为限向投资机构承担支付资产支持证券收益的义务。即使发行人破产，投资机构依然能按约定受偿；倘若信托财产不足以偿付证券，投资机构不能要求发行人用其他财产来偿付证券。第二，依托同一个资产池可发行不同等级的资产支持证券，它们按照约定的顺序或特定的分配方法享有信托利益，因而具有不同的风险水平。例如，依托 50 亿元的资产池可分别发行 20 亿元优先级证券和 30 亿元次级证券，资产池收到的贷款本息首先保证偿还优先级证券，而次级证券要吸纳整个资产池的风险。资产证券化中这种分档次的结构特点（stratified or tranched structures）与普通的优先/次级债券是有区别的。在资产证券化中，可以由低档次（次级）证券承担损失而不致影响对高档次（优先级）证券的偿付。而在普通的优先/次级债券中，是一种对清算收入的受偿权先后次序的问题。[8] 第三，资产支持证券分期偿付本息，本金余额会随之递减。而且，倘若借款人提前偿还贷款，受托机构也会把提前收到的贷款本金转给投资机构，投资机构收到资产支持证券本息的时间不完全确定，需要通过建立模型来预测借款人提前偿还贷款的可能性，资产支持证券的收益率也会随之变化。资产支持证券在全国银行间债券市场上发行和交易。

证券化过程的两端——作为发起机构的银行业金融机构、购买资产支持证券的投资机构以外，《试点办法》还规定了受托机构、资金保管机构、贷款服务机构、证券登记托管机构及其他交易服务机构等多类参与机构。受托机构承诺信托而负责管理特定目的的信托财产，并发行资产支持证券。受托机构由依法设立的信托投资公司或中国银监会批准的其他机构担任；受托机构必须委托商业银行或其他专业机构担任信托财产资金

---

⑧ 《巴塞尔新资本协议》第 502 段。

保管机构,依照信托合同约定分别委托其他有业务资格的机构履行贷款服务、交易管理等其他受托职责。资金保管机构是接受受托机构委托,负责保管信托财产账户资金的机构;发起机构和贷款服务机构不得担任同一交易的资金保管机构。在向投资机构支付信托财产收益的间隔期内,资金保管机构只能按照合同约定的方式和受托机构指令,将信托财产收益投资于流动性好、变现能力强的国债、政策性金融债及中国人民银行允许投资的其他金融产品。[9] 贷款服务机构是接受受托机构委托,负责管理贷款的机构,并可以是信贷资产证券化发起机构。贷款服务机构应有专门的业务部门,对作为信托财产的信贷资产单独设账,单独管理。

《试点办法》明确了证券化信贷资产的独立性以及参与机构的信托义务。第 6 条规定:受托机构因承诺信托而取得的信贷资产是信托财产,独立于发起机构、受托机构、贷款服务机构、资金保管机构、证券登记托管机构及其他为证券化交易提供服务的机构的固有财产。受托机构、贷款服务机构、资金保管机构及其他为证券化交易提供服务的机构因特定目的信托财产的管理、运用或其他情形而取得的财产和收益,归入信托财产。发起机构、受托机构、贷款服务机构、资金保管机构、证券登记托管机构及其他为证券化交易提供服务的机构因依法解散、被依法撤销或者被依法宣告破产等原因进行清算的,信托财产不属于其清算财产。第 7 条规定:受托机构管理运用、处分信托财产所产生的债权,不得与发起机构、受托机构、贷款服务机构、资金保管机构、证券登记托管机构及其他为证券化交易提供服务机构的固有财产产生的债务相抵销;受托机构管理运用、处分不同信托财产所产生的债权债务,不得相互抵销。第 8 条规定:受托机构、贷款服务机构、资金保管机构、证券登记托管机构及其他为证券化交易提供服务的机构,应当恪尽职守,履行诚实信用、谨慎勤勉的义务。

对于投资者保护,《试点办法》采取了以下措施:第一,只在全国银行

---

⑨ 《试点办法》第 30 条。

间债券市场上发行和交易(第3条及第6章),投资者都是风险识别、管理和承受能力较强的机构投资者;第二,强调资产支持证券的特殊性质,提示投资机构关注风险(第37条、第47条);第三,详细规定信息披露要求(第7章);第四,采用多种方法进行信用增级,满足不同投资机构的风险偏好(第34条);第五,建立资产支持证券持有人的决策机制(第8章);第六,防止相关机构利用特殊地位对信托财产施加控制,使投资机构切实享有信托利益(第7条、第23条、第24条、第27条);第七,建立贷款赎回或置换机制(第14条),防止银行出售高风险贷款;第八,建立相关机构更换机制,激励它们恪尽职守(第19条、第26条、第31条、第53条);第九,要求贷款服务机构单独设账(第24条),单独管理作为信托财产的信贷资产,降低操作风险。

中国人民银行、中国银监会直接负责监管信贷资产证券化。中国人民银行依照《中华人民共和国中国人民银行法》,依法监督管理资产支持证券在全国银行间债券市场上的发行与交易活动;银监会依照《中华人民共和国银行业监督管理法》,依法监督管理有关机构的信贷资产证券化业务活动。此外鉴于信贷资产证券化需要会计、税收、投资等多方面的配套政策,中国人民银行、银监会还和发展改革委、财政部、劳动保障部、建设部、税务总局、国务院法制办、证监会、保监会等部门负责人共同组成了信贷资产证券化业务试点工作协调小组,在国务院直接领导下具体组织和协调信贷资产证券化的试点工作,分析研究试点工作进展情况,讨论有关难点问题并商议解决方案。

作为协调成果的一个体现,财政部在较短时间内就制定颁布了《会计规定》。《会计规定》在全面规范发起机构、特定目的信托、受托机构、资金保管机构、贷款服务机构、投资机构等适用会计规范的基础上,重点规范了发起机构信贷资产终止确认的条件及其会计核算,解决了信贷资产证券化当事人适用的会计标准问题。

发起机构会计核算主要关注资产证券化的信贷资产在符合何种条件

时,才能从发起机构的账上和资产负债表中转出,即终止确认信贷资产。根据《会计规定》,发起机构应当首先判断信贷资产所有权上几乎所有(通常指95%或者以上)的风险和报酬是否已转移。[10] 如果已转移,发起机构应当终止确认信贷资产,并将其账面价值与因转让而收到的对价之间的差额计入当期损益;如果仍保留,发起机构不应当终止确认信贷资产,在这种情况下,发起机构转让信贷资产收到的对价应当确认为一项负债。发起机构在具体进行判断时,应当综合考虑所有相关因素,并充分运用实质重于形式原则。在发起机构仍保留部分重大风险和报酬的情况下,发起机构应当进一步判断是否能对资产证券化的信贷资产保留控制权。如果仍保留控制权,就要视发起机构继续涉入信贷资产的程度继续确认相关资产和负债。这样做的目的,就是为了充分反映发起机构因保留对信贷资产的控制而保留的权利和承担的义务。如果发起机构放弃对信贷资产的控制,就可以将其终止确认了。最后需要关注的是发起机构对特定目的信托是否拥有控制权。如果拥有控制权,按我国现行会计制度规定,应当纳入发起机构合并会计报表范围。

对于特定目的信托项目和受托人信托业务的会计处理,在《信托业务会计核算办法》中已有原则规定。[11] 在此基础上《会计规定》单设两章分别对其作了进一步规范,所体现的理念和基本原则如下:特定目的信托是信贷资产证券化的载体,从风险隔离和《信托法》的要求看,应当作为一个独立的会计主体,单独设置会计科目,单独核算资产证券化信贷资产的管理、运用和处分情况,并单独编制财务报告。为了保护不同特定目的的信托当事人的合法权益,不同特定目的的信托的账户设置、资金划拨、账簿记录等应当相互独立,不得混淆。同时,受托机构是信贷资产证券化的主要当事人。在信贷资产证券化过程中,受托机构由于承诺信托取得的信托财产应单独核算,不能与资产证券化其他当事人的固有财产相混淆。

---

[10] 《会计规定》第4条。
[11] 财会[2005]1号。

对于为信贷资产证券化提供信托财产账户资金保管的资金保管机构,《会计规定》要求其向投资机构支付信托财产收益的间隔内,只能按照合同约定的方式和受托机构指令进行投资;应当按有关资金保管合同的约定确认和计量保管收入;应当按照保管合同约定,定期向受托机构提供资金保管报告,报告资金管理情况和资产支持证券收益支付情况。对于贷款服务机构,《会计规定》要求其对作为信托财产的信贷资产单独设账,单独管理;应当按照有关贷款服务合同确认和计量服务收入;应当定期向受托机构提供服务报告,报告作为信托财产的信贷资产信息。投资机构是信贷资产证券化的持有者。根据《会计规定》,投资机构取得的资产支持证券应当作为资产支持证券投资进行会计处理;投资机构取得的信托收益,应当区分属于资产支持证券投资本金部分和投资收益部分进行会计处理;会计期末,投资机构应当对所持有资产支持证券的账面价值进行检查,发现账面价值高于其可收回金额的,应当计提减值准备。

为充分披露信贷资产证券化相关的风险信息,《会计规定》要求发起机构应就信贷资产证券化而确认或终止确认作出详细披露,如所转让信贷资产的账面价值、因转让信贷资产而确认资产的性质、发起机构仍保留的信贷资产所有权上风险和报酬的性质、相关负债的账面价值等。[12]

至于受托机构、为证券化提供服务的机构、全国银行间同业拆借中心、中央国债登记结算有限责任公司等相关单位以及资产支持证券持有人大会活动的信息披露,目前主要由中国人民银行《资产支持证券信息披露规则》(以下简称《披露规则》)规范。除此之外,资产支持证券的信息披露还适用于《全国银行间债券市场债券交易管理办法》[13]、《全国银行间债券市场金融债券发行管理办法》[14]、《全国银行间债券市场债券交易流通审核规则》等有关规定。[15]

---

⑫ 《会计规定》第10条。
⑬ 中国人民银行令[2000]第2号。
⑭ 中国人民银行令[2005]第1号。
⑮ 中国人民银行公告[2004]第19号。

建设部发布的《关于个人住房抵押贷款证券化涉及的抵押权变更登记有关问题的试行通知》(以下简称《登记通知》)依据《担保法》、《城市房地产管理法》、《城市房地产抵押管理办法》[16]等制订,规定了个人住房抵押贷款证券化信托设立以及受托机构更换、金融机构进行债权回购时的抵押权变更登记批量办理制度。《登记通知》就批量办理的申请及所提供资料、受理和办理时限、审核事项、变更内容等作出了具体规定。抵押权变更登记批量办理制度有利于简化手续、降低成本,促进资产证券化的开展。

上述规则出台后,有关部门按照信贷资产证券化业务试点工作协调小组的部署,继续制定颁布相关配套政策,例如税务总局将出台有关证券化税收的规定。同时试点银行相继完成了挑选资产、起草法律文件、聘请评级机构作尽职调查、了解投资机构需求等工作。2005 年 12 月,中诚信托投资有限责任公司(受国家开发银行委托)的信贷资产支持证券,中信信托投资有限责任公司(受中国建设银行委托)的住房抵押贷款支持证券,在银行间债券市场成功发行。

二、围绕证券化的思考与疑问

在发布《试点办法》时,中国人民银行、银监会有关负责人指出,开展信贷资产证券化对我国发展金融市场、维护金融稳定有很多现实意义:一是有助于改善银行业信贷结构错配状况,提高银行资产的流动性,加速信贷资金周转;二是有助于提供商业银行资本充足率;三是有助于分散信贷风险;四是有助于发展资本市场;五是有助于适应金融对外开放。

表外融资、释放资本、提高流动性被认为是最能吸引银行实施资产证券化的原因。抵押贷款作为资产长期滞留在资产负债表中,不利于银行

---

⑯ 建设部令第 98 号。

灵活取得并运用资金投入收益率高的新项目。银行当然可以在二级市场按照传统出售方式卖出抵押贷款回笼资金,但由于必须找到投资目标与被出售贷款一致的买家,这种出售在实践中往往很难实现。发行债券是另一个融资渠道,但发行无担保债券所需费率较高。如果是利用现有资产担保发行债券,费率可以有所降低,但银行资产负债表上将体现更多的资产和负债,同时作为担保的资产还得在财务报表上作批注。相比之下,通过实施适当的资产证券化计划,现金收入可以立即列入资产项下,而抵押贷款则从银行资产负债表中被移出,表外融资顺利实现。下表清晰地反映了上述方式对资产负债表影响的差异。

X 银行资产负债表

百万元 / X 年 12 月 31 日	未采取融资活动	发行担保债券	实施资产证券化
资产			
现金	100	500	590
抵押贷款	500	500	10(保留次级证券)
其他	400	400	400
负债			
已发行在外债券	800	800	800
新发行担保债券	\	400	\
所有者权益	200	200	200

资产证券化项下的资产支持证券通常可以获得优于银行发行普通债券的评级,从而降低银行融资的成本。原因在于一宗合格的资产证券化可将该资产与银行的债权人隔离开来。把优质证券化信贷资产同银行其他的风险经营相隔离,可以使得仅靠这些资产支持的证券获得一个更高的信用评级。资产支持证券靠被隔离出来资产的现金流支持,不再受源于银行的干预,因此其评级完全不受银行外在因素的影响,而依赖于被隔离资产的质量以及可能存在的信用增强手段。当然从另一个角度看,如果银行债券本身的评级就很高,融资成本上的差异将变小。换言之,随着银行自身信用等级的增强,资产证券化的吸引力可能会下降。

从投资机构的角度考虑,资产支持证券同样是一个不错的选择。首先,如果其直接从银行购买信贷资产,一则必须承担所有信用风险,二来可能受到资格方面的法律限制或财力方面的现实约束而难以实现。其次,资产证券化通常运用的信用增级手段使得对其证券进行投资更为安全。内部信用增级往往采用"优先级/次级"结构,投资机构购买的通常是优先级证券,而次级证券由发起机构或其他主体全部或部分地持有。由于在分配上相对于次级证券的优先权以及次级证券提供的损失保障,优先级证券可以获得较高的评级。当然优先级证券的评级并不完全取决于次级证券,更要看支持证券抵押贷款的质量。一组优质抵押贷款可以产生95%的"AAA级"优先级证券,而质量稍差的另一组抵押贷款也许只能有85%或更低的部分成为"AAA级"优先级证券。除了内部信用增级,外部信用增级机构往往也通过提供担保而参与进来,使资产支持证券的风险进一步降低。美国最大的三家外部信用增级机构通用电气抵押贷款保险公司(GEMICO)、抵押贷款担保保险公司(MGIC)、私有抵押贷款保险公司(PMI),对推动资产证券化的发展贡献不小。

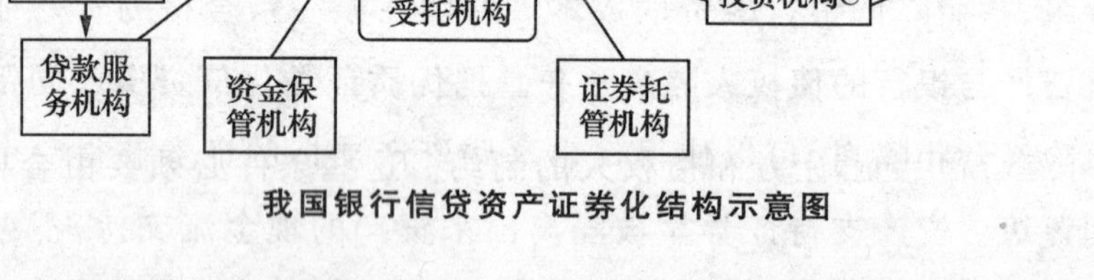

我国银行信贷资产证券化结构示意图

资产证券化构思巧妙,作用突出,但其功能发挥不是没有条件的,实施操作也必须遵循一定的规范。结合前述新近颁布的一系列规则,笔者认为以下问题值得资产证券化的研究者和实践者关注和思考:资产要切实移出表外应满足哪些条件?如何理解所谓"真实销售"?从银行监管的角度,在资本充足率方面应作出什么的要求?对资产证券化课税应有怎样的考虑？资产支持证券是否及应否受《证券法》调整？就我国资产证券化下一步发展的设想和预期？

（一）资产移出表外

如前所述，《试点办法》第6条规定了证券化信贷资产的信托财产属性。《会计规定》进一步明确了信贷资产从发起机构资产负债表中转出，即终止确认的条件。《会计规定》参考借鉴了美国财务会计准则委员会第140号规则、第46R号解释，国际会计准则第39R号、第27号规则、解释公告第12号（SIC12）等处理金融资产转让交付以及债务消灭、特殊目的实体合并报表等问题的做法。在此基础上，财政部会计司还将于近期制定发布针对金融资产转移综合性的企业会计准则。

与上述规定所反映的精神相一致，巴塞尔新资本协议针对传统型资产证券化，规定了发起银行可以在计算加权风险资产时将证券化资产剔除的条件，当然满足条件的银行仍必须针对它们所保有的资产证券化风险暴露持有相应的监管资本。[17]

第一，与被证券化了的资产相关的重要信用风险已经被转让给了第三方。

第二，出让方对被转让的资产不再拥有实际的或间接的控制。这些资产从法律上已经与出让方脱离关系（如通过出售资产或通过次级参与（sub participation）。脱离关系的方式是：这些资产即使是在破产或接管的情况下，都不再受出让方和债权人的制约。这些条件必须要由合格的律师提供法律意见来支持。

第三，发行的证券不是出让方的义务。因此，购买这些证券的投资人只能对资产池中的资产要求权利。

第四，受让人是特别目的机构，在该机构中对资产池享有权利的人有

---

⑰ 《巴塞尔新资本协议》第516段。

权没有任何限制地将该权利质押或交换。

第五，如果出让人有下列情形，而被认为是对转让的信用风险暴露仍然具有实际控制：(1) 出让人为了实现自己的利益，可以从受让人那里买回先前被转让的资产；或者(2) 有义务保留被转让资产的风险。出让人保留收取本息的权利并不能构成对风险暴露的间接控制。

第六，资产证券化不包括以下条款：(1) 要求发起行系统性地改变资产池中的资产，从而使该资产池的加权平均信用质量提高。除非这种信用质量的提高是通过以市场价格向独立的或非附属的第三方出售资产实现的；(2) 允许在交易的一开始就增加发起行的第一损失责任(first loss position)或增加信用提升的程度；或(3) 增加支付给除发起行之外的其他人的收益，如投资人和提供信用提升的第三方，以应对资产池中资产信用质量恶化的情况。

第七，对于清收式赎回(Clear-up call)[18]，必须满足下列条件：(1) 赎回权的行使无论是在实质上还是在形式上都不能是法定的，而必须是发起银行有决定权的；(2) 它的结构不能规避分配损失由信用提升或投资人持有的资产来弥补，或者它的结构用来提供信用提升；并且(3) 赎回权只有在资产池中的资产余额不足原来总额或参考资产额的10%的价值时才能行使。[19] 如果清收式赎回不满足这些条件，则对于传统型资产证券化来说，资产池中的资产应视作没有被证券化一样来处理。[20]

(二) 真实出售(True sale)

在美国等国家和地区的资产证券化中，资产移出通常采取出售转让

---

⑱ 清收式赎回是一种选择权，它允许发起行或服务行在资产池中的资产未被全部偿还的情况下召回资产证券化风险暴露(如资产支持型证券)。在传统型资产证券化中，通常做法是当资产池余额或发行在外的证券余额下降到一定水平之后，由发起人买回余下的证券。在合成型资产证券化中，清收式赎回采取的形式是规定一项条款，该条款规定原来信用保护失效(《巴塞尔新资本协议》第516段)。

⑲ 《巴塞尔新资本协议》第518段。

⑳ 《巴塞尔新资本协议》第520段。

的形式,接受对象是为证券化专门设立的特定目的实体(SPE),后者可能是公司、合伙或者商业信托,再由其设立信托发行证券。因为特定目的实体通常为发起银行完全拥有或控制并且合并报表,因此出售是否真实往往成为争议的焦点。

真实出售有三个层面上的含义,即法律上的真实出售、会计和税务上的真实出售以及监管上的真实出售。满足法律上的真实出售比较单纯,主要在于买卖形式合法,并且当发起银行破产时特定目的实体资产不被以欺诈性转让(fraudulent conveyance)或实质合并(substantive consolidation)而追回或归入处置。会计和税务上的真实出售在此基础上进一步要求:SPE 应有权控制资产(例如转售或出质),同时发起银行不能通过回购或其他方式施加有效控制。符合这些要求的 SPE 才被认为是可享受资产证券化会计或税务待遇的合格 SPE(Qualified SPE)。如前述《巴塞尔新资本协议》规定所示,银行监管机构对于银行保留的风险暴露更加敏感,因此就真实出售及确认其对资本的影响较为谨慎,因此对监管上真实出售的要求更加具体和严格。

我国《试点办法》没有采用出售转让的方式,而是直接利用受托机构等进行信托转让。具体来说,由发起机构(银行)设立特定目的信托转让信贷资产[21],受托机构承诺信托而负责管理特定目的信托财产并发行资产支持证券。[22] 受托机构直接管理特定目的信托资产,而受托机构由依法设立的信托投资公司或中国银监会批准的其他机构担任,形式和实质上都更容易独立于发起银行,这与国外发起银行直接控制 SPE 的情况有所不同。当然受托机构事实上的独立性不可避免地要受资产证券化市场的供求关系影响。尽管有出售转让或信托转让形式上的差异,但关于真实出售讨论中三个层面的要求在实质上仍应适用和遵守。

---

[21] 《试点办法》第 11 条。
[22] 《试点办法》第 15 条。

（三）资本充足率要求

对于资产证券化，一个常见的误解是发起银行就此逃脱干系，不再负担资本充足率要求。事实上，除了前述对不符合条件的资产证券化不以证券化对待以外，《巴塞尔新资本协议》还规定：银行必须对它们所面临的资产证券化风险暴露持有监管资本，包括提供信用风险缓释以及资产证券化交易、投资资产支持证券、自留次级档次的证券、提供流动性或信用提升等。[23] 例如在标准法下，风险加权资产证券化风险暴露值等于资产证券化风险暴露额乘以按照下表确定的相应的风险权重。对于表外风险暴露来说，银行应当使用信用转换系数，然后再对转换后的数值进行风险加权。如果某一风险暴露的长期评级为 B + 或以下的话，或者该风险暴露未评级的话，应当从监管资本中进行扣除。[24] 这种扣除也同样适用于除 A-1/P-1，A-2/P-2，A-3/P-3 以外的短期评级，以及那些没有评级的所有风险暴露。[25]

长期评级种类

外部信用评级	AAA 到 AA －	A + 到 A －	BBB + 到 BBB －	BB + 到 BB －	B + 及 B + 以下或未评级的
风险权重	20%	50%	100%	350%	扣除

短期评级种类

外部信用评级	A-1/P-1	A-2/P-2	A-3/P-3	所有其他级别以及未评级的
风险权重	20%	50%	100%	扣除

中国银监会在制定相关监管规则时，也将资本监管作为核心内容，参考了上述巴塞尔新资本协议及国外主要金融市场的做法。针对资产证券

---

[23] 《巴塞尔新资本协议》第 521 段。

[24] 当要求银行从监管资本中扣除资产证券化风险暴露时，扣减数额应当是从一级资本中扣除 50%，二级资本中扣除 50%（有一种例外情况）（《巴塞尔新资本协议》第 522 段）。

[25] 《巴塞尔新资本协议》第 527 段。

化业务和风险管理，在资本监管上不区分角色，而从风险暴露的角度提出资本要求。[26] 总之，根据各自的资产证券化方案，发起银行和其他机构须遵守相应的资本监管规定。资产证券化游离于资本充足率监管要求之外的认识并不正确。

（四）课税原则和难点

税收规则是资产证券化法制建设的重要环节。国家税务总局在制定相关税收规则时，以"为资产证券化创造好的税收环境，推动资本市场的健康稳定发展"为基本立足点，并遵循了五大原则[27]：

第一，税收中性原则。资产证券化的税收政策要与其他性质类似经济活动（如信托）的税收政策保持适当的平衡，避免税收待遇的差异产生收益的悬殊，尽量不干扰、不扭曲社会经济生活。

第二，税赋公平、合理原则。从整体税赋角度考虑，统筹设计各个交易环节的税收政策，合理确定每一参与主体的税收负担。

第三，有利于金融创新与防止逃税相协调。对资产证券化这种新型投资方式给予税收支持，同时避免有关资产证券化税收政策成为逃避纳税义务的通道和工具。

第四，保持各税法、税制、税种、税基之间的协调。

第五，税收安排与金融税制改革以及资产证券化发展方向保持基本一致。

目前重点研究的相关税种主要有三个：营业税、所得税和印花税。同时在规则制定过程中，三方面的问题值得认真考虑：

第一，如何消除重复征税。从价值来源看，参与主体的收入来源与证券化前发起机构的收入来源基本一致。如果重复征税，将会影响投资者

㉖ 覃旭、胡欣：《银监会领衔 十部委会商资产证券化监管和税制难题》，载《21 世纪经济报道》2005 年 7 月 21 日。

㉗ 同上。

的积极性，也会降低资源配置效率。反观国外，证券化所带来的税务好处往往是吸引投资者的重要因素。

第二，如何认定各交易行为的法律性质及纳税义务。即对证券化财产，是认定为出售、资产信托还是抵押融资？投资者所取得的投资回报是界定为利息收入还是其他？不同的定性可能导致不同的纳税义务。

第三，如何确定纳税环节。资产证券化参与主体较多，环节相应增加，纳税环节的确定十分重要。既要考虑因此而出现前移或递延，也要避免课税对象通过控制分配来避税；既要考虑征税便利，又要照顾纳税成本。

（五）与《证券法》的关系

《试点办法》使用了“收益证券”[28]、“资产支持证券”[29]的表述，但从目前规定判断，我国《证券法》并不适用于这种信贷资产证券化中的“证券”。原先《证券法》第 2 条规定：在中国境内，股票、公司债券和国务院依法认定的其他证券的发行和交易，适用本法。资产支持证券不属于股票、公司债券，应无异议。“国务院依法认定的其他证券”则相当玄妙，与很多场合一样，“依法”到底是一般性的宣誓还是需要指向具体的法律，没有定论。目前比较明确由国务院依法认定的其他证券主要有证券投资基金，其适用《证券法》[30]以及国务院证券监督管理机构对其活动的监管权力[31]，在《证券投资基金法》条文中就有比较明确的表述。《试点办法》由中国人民银行、银监会制定发布，只能算是部门规章层级的法律文件，目前在公开渠道也未见国务院就资产支持证券性质的认定，因此不能顾名思义，想当然地认为《证券法》适用于资产证券化。

2005 年修订后的《证券法》首次将“证券衍生品种”纳入调整范围（第

---

[28] 例如《试点办法》第 2 条。
[29] 例如《试点办法》第 2 条、第 3 条。
[30] 《证券投资基金法》第 2 条。
[31] 《证券投资基金法》第 11 条。

2条),指明其发行、交易的管理办法,由国务院依照《证券法》的原则规定。虽然修订后《证券法》没有定义证券衍生品种,但其基础资产似应限于证券,而资产支持证券的基础资产却是银行贷款,因此以证券衍生品种名目将资产支持证券导入《证券法》调整范畴的思路恐怕难以成立。

目前信贷资产证券化工作由中国人民银行、银监会,而非证监会主导,并不能作为排斥《证券法》适用的理由。因为无论修订前后,《证券法》都没有赋予国务院证券监督管理机构(也没有指明是证监会)对证券领域排他性的核准监管权,不少条文中都将国务院授权的部门与国务院证券监督管理机构并列[32],实践中发改委等单位也确实仍履行着证券领域的相关职能。类似地,如果认为目前信贷资产证券化中的多数主体——银行、信托投资公司,主要由银监会负责监管,因此《证券法》就不能置喙,则难免有画地为牢之嫌,毕竟主体监管的思路正在逐渐被功能监管所取代。

相比之下,笔者感觉较具说服力的解释是:目前信贷资产支持证券在全国银行间债券市场上发行和交易,这个主要由机构投资者组成、中国人民银行监管的市场不同于普通的股票或交易所国债市场,因此资产支持证券的发行和交易也有别于一般证券的公开发行和交易。从起源和实践来看,各国证券法大多以保护公众投资者为重点,对于资产支持证券这类私募证券的监管着墨不多[33],我国《证券法》在修订之前更是没有提及。从这个意义上讲,信贷资产支持证券游离于《证券法》之外,倒也不难理解,亦非完全无法容忍。然而既然修订后《证券法》已经界定了“公开发行”[34],尝试将私募活动纳入规范之列[35],那么针对资产支持证券加入原则性规定或授权监管条款,恐怕难称唐突。私募与公开市场之间存在很大

---

[32] 例如修订后《证券法》第10条、第20条。

[33] 例如参见郭雳:《美国证券私募发行法律问题研究》,北京大学出版社2004年版,第51页。

[34] 修订后《证券法》第10条。

[35] 例如修订后《证券法》第13条。

的模糊空间，而且在反欺诈、信息披露等诸多方面，《证券法》能够提供比行政法规、规章等更有力的法律基础和保护。可以说，目前《证券法》虽难涵盖资产证券化，但未来有必要对其有所规定。

（六）后续发展

从国外经验来看，可证券化的资产丰富多彩。最常见的证券化资产类型有住房抵押贷款、商业抵押贷款、汽车贷款、船舶贷款、信用卡应收账款、出口信贷等。然而，设备租赁、搁浅成本、保险费、特许权、音乐或电影版权、其他税收优先资产，甚至彩票奖金，都曾被加以结构安排实施证券化。同样，证券化的发起者而远远不限于银行，许多希望将应收账款挪出表外，进行结构性融资的公司或其他主体都开展过资产证券化。

实际上《试点办法》推出之前，从处置不良资产发轫，不少机构已经在摸索着进行资产证券化或准证券化。2003 年 1 月信达资产管理公司与德意志银行签署资产证券化和分包一揽子协议，被视为我国资产证券化和利用外资领域处置不良资产的一个突破。2003 年 6 月，华融资产管理公司将 132.5 亿元的不良债权资产，委托中信信托投资公司设立三年期的财产信托，并将其中的优先级受益权转让给投资者，这一准资产证券化举措首创了国内资产处置业务全新交易方式。2003 年 10 月，瑞士信贷第一波士顿首席执行官在京宣布，与工商银行签署了有关资产证券化协议，对工行宁波分行账面价值为 3 亿美金的不良资产进行证券化。2004 年 6 月，中信实业银行推出人民币信贷资产信托受益权转让产品“存贷宝”。2005 年 3 月，深圳国际信托投资有限公司称，将信托计划募集资金用于受让深圳发展银行总行营业部的信贷资产；信托期限届满，由深圳发展银行总行营业部回购该部分信贷资产。同时，浦发银行与申银万国证券公司合作，推出价值 10 亿元房贷资产证券化试点方案。虽然这些活动有的并不符合《巴塞尔新资本协议》规定的条件，不能作为严格意义上的证券化，但其对促使监管层认识资产证券化立章建制工作的必要性和紧迫性，确实有所作用。

《试点办法》只规范银行业金融机构进行的信贷资产证券化，建设部《登记通知》只涉及个人住房抵押贷款证券化涉及的抵押权登记变更，可以说目前的规则实际上只规范了资产证券化的一部分。除了银行，一些企业也在策划将其租赁费等未来收益进行证券化，迅速转化为当期的现金流。不少知名的证券公司通过资产管理的名义参与其间，担当类似受托机构的角色。收益计划份额除了协议转让外，也在寻求在某种交易场所合法进行转让。

目前这一系列规则只是揭开了资产证券化立法工作的序幕。可以预期，相关法律规定将次第推出。一个明显的担忧是，如果继续由银监会、证监会等分别按主体监管模式推出规则，那么类似保底理财领域的政出多门、莫衷一是的局面可能重演。资产证券化业务试点工作协调小组需要在这方面切实发挥作用。有评论指出，资产证券化等结构性融资的创制只受人类想象力的限制，这无疑为这一领域的监管提出挑战。《试点办法》等规则的出台是回应挑战的一大步，但把握原则、应时而变的任务将是长期的。

第六章 国际化

银行国际化有关法律问题初探

面临金融全球化的趋势，国际化经营成为许多银行的规划目标。在境外设立分支机构和开展离岸业务是银行国际化经营、服务境外客户的主要形式。本章第一、二部分分别从现有法律规范出发，讨论我国境外银行机构与离岸银行业务实践和监管中的主要法律问题。第三部分则从境外东道国的角度，讨论美国对在美外资银行机构的法律规制。第四部分选取银行最重要的国际业务之一即信用证业务，围绕其核心环节——审单，结合具体案例分析银行的操作和风险控制。总之，遵守法律和国际惯例、实现风险隔离、防止账户混同是银行成功国际化经营的关键。

一、境外银行机构

目前我国有关境外银行机构管理的法律规范有两个：1990 年 3 月 12 日经国务院批准、由中国人民银行发布的《境外金融机构管理办法》以及 2001 年 8 月 20 日由中国人民银行发布的《商业银行境外机构监管指引》。[1]

（一）《境外金融机构管理办法》

《境外金融机构管理办法》（以下简称《办法》）规定：中国境内银行、

---

① 两部法律规范均自其发布之日起施行。

非银行金融机构（统称境内金融机构），非金融性公司、企业及其他组织（统称境内非金融机构），境外中资银行、非银行金融机构（统称境外中资金融机构）和境外非金融性中资公司、企业及其他组织（统称境外中资非金融机构），投资设立或者收购境外金融机构，必须遵守本办法的规定。境外金融机构是指境内金融机构、非金融机构及境外中资金融机构和非金融机构在境外设立或者收购的从事存款、贷款、票据贴现、结算、信托投资、金融租赁、担保、保险、证券经营等项金融业务的机构。

境内金融机构申请设立或者收购境外金融机构，应当具备下列条件：(1) 经国务院或者中国人民银行批准，依法登记注册，并持有中国人民银行颁发的《经营金融业务许可证》；(2) 经国家外汇管理局批准经营外汇业务，持有国家外汇管理局颁发的《经营外汇业务许可证》，并有 3 年以上经营外汇业务经验和与其经营业务相适应的专业人员；(3) 有合法的外汇资金来源；(4) 有不低于八千万元人民币等值外汇的自有资金。[②] 境外中资金融机构申请设立或者收购境外金融机构，应当具备下列条件：(1) 经主管部门批准，依法在境外设立，有正式批准文件和在当地合法营业的证明材料；(2) 拟设机构地区中资金融机构力量较弱，有必要设立金融机构；(3) 所提申请符合有关国家或者地区的法律。

《办法》将中国人民银行确定为设立或者收购境外金融机构的审批管理机关。[③]《办法》施行前未经中国人民银行批准，已在境外设立或者收购金融机构的，应当在中国人民银行规定的期限内，依照《办法》规定补办审批手续。境内金融机构在境外设立代表机构、分支机构，设立中资、中外合资金融机构或者收购境外金融机构，由中国人民银行批准；境外中资金融机构设立或者收购境外金融机构，由其境内投资单位征求经贸部意见后报中国人民银行批准。在境外设立或者收购金融机构，应当由其境内投资单位向中国人民银行提出申请，申请书需载明拟设立或者收购金

② 《办法》第 4 条。

③ 伴随着国务院机构调整，目前相应审批管理职能移至中国银行业监督管理委员会。

融机构的名称、营业范围、条件和必要性等，经中国人民银行审核立项后，依照《办法》规定提交申请文件。中国人民银行对申请单位提交的申请文件进行审查，并在接到申请文件之日起3个月内决定批准或者不批准。经批准设立或者收购的境外金融机构，应当由其境内投资单位持中国人民银行批准文件，依照有关规定到国家外汇管理局办理外汇汇出手续。

境内金融机构申请在境外设立代表机构，应当提交下列文件：(1) 申请单位的主要负责人签署的申请报告，其内容包括：拟设代表机构的名称，住所，首席代表、代表简历；(2) 设立代表机构的费用预算和外汇来源证明。境内金融机构申请在境外设立分支机构，应当提交下列文件：(1) 申请单位主要负责人签署的申请报告，其内容包括：拟设分支机构的名称，住所，营业资金数额，经营业务种类，主要负责人简历等；(2) 申请单位前三年的资产负债表、损益表和业务状况报告；(3) 可行性研究报告；(4) 中国人民银行要求提交的其他有关文件。

境内金融机构、境外中资金融机构申请在境外设立中资金融机构，应当提交下列文件：(1) 申请单位主要负责人签署的申请报告，其内容包括：拟设中资金融机构名称、住所、注册资本和实有资本、资金来源、经营业务种类、主要负责人简历等；(2) 申请单位前3年的资产负债表、损益表和业务状况报告；(3) 可行性研究报告；(4) 中国人民银行要求提交的其他有关文件。申请在境外设立中外合资金融机构，应当提交下列文件：(1) 申请单位的主要负责人签署的申请报告，其内容包括：拟设中外合资金融机构的名称、住所、注册资本和实有资本、经营业务种类、合资各方的名称和出资比例、中方资金来源、主要负责人简历等；(2) 申请单位前三年的资产负债表、损益表和业务状况报告；(3) 合资各方草签的合资协议、合同和章程；(4) 可行性研究报告；(5) 中国人民银行要求提交的其他有关文件。申请收购境外金融机构，应当提交下列文件：(1) 申请单位主要负责人签署的申请报告，其内容包括：拟收购的金融机构的名称、住所、章程、总资本和总资产数额、机构及人员状况、财务状况、收购原因、收购目的、收购资金数额、资金来源；(2) 申请单位前三年的资产负债表、损益表和业务状况报告；(3) 可行性研究报告；(4) 中国人民银行要求提交的其他有关文件。

境外金融机构的境内投资单位应当于每年7月31日前向所在地中国人民银行省级分行报送境外金融机构上半年工作报告，其内容包括：机构人员变化情况，存款放款分析，汇出汇入款项分析，进出口结算分析，投资项目分析和外汇、证券、黄金买卖分析，上述报告由中国人民银行省级分行转报中国人民银行；应当于每年3月31日前向所在地中国人民银行省级分行报送境外金融机构上一年度的资产负债表、损益表和年度工作报告，并由中国人民银行省级分行转报中国人民银行。境外金融机构有下列变更之一的，其境内投资单位应当于事前向中国人民银行提出申请，由中国人民银行审批：(1) 代表机构升为分支机构；(2) 撤销代表机构、分支机构、中资或者中外合资金融机构；(3) 调整中外合资金融机构的股份比例或者增资。

《办法》规定，中国人民银行及其各省级分行有权对境外金融机构的工作进行监督。未按前述规定经中国人民银行批准，在境外设立或者收购金融机构的，中国人民银行有权冻结境内投资单位相应数额的外汇或者人民币存款，责令其撤销境外金融机构或者限期补办审批手续，并追究主要负责人和直接责任人员的责任。此外，对于未按前述规定申请变更审批的，中国人民银行有权冻结境内投资单位相应数额的外汇或者人民币存款，并责令其对境外金融机构进行停业整顿。违反报告、资料报送义务、情节严重的，中国人民银行对境内投资单位可处以人民币10万元以下罚款。违反外汇管理的，依照国家有关规定予以处罚。

(二)《商业银行境外机构监管指引》

《商业银行境外机构监管指引》(以下简称《指引》)的制定依据了《中国人民银行法》、《商业银行法》以及上述《境外金融机构管理办法》等法律法规，并且参照了巴塞尔银行监管委员会有关跨境监管的基本原则。《指引》一方面表示中国人民银行将督促商业银行加强对境外机构的管理，完善对商业银行的并表监管，加强与国外监管当局的信息交流与合作，建立科学、有效的商业银行境外机构监管体系[④]，同时规定了“商业银行应要求境外机构严格遵守东道国的有关法律，接受东道国监管当局的监管”的义务。《指引》所规范的商业银行境外机构[⑤]，是指国有独资商业银行和股份制商业银行在境外设立或者收购的营业性银行机构，包括：(1) 银行分支行；(2) 全资附属银行；(3) 纳入合并会计报表范围的控股和参股银行。[⑥]

《指引》就商业银行境外机构相关的申请、审批、备案和报告作出规定。商业银行设立或收购境外机构，境外机构升格、撤销、合并或重组，增减资本金或营运资金，调整股权结构及股本方式、转让股权或修改章程，应事前向中国人民银行提出申请，经中国人民银行批准后，方可向东道国监管当局申请。商业银行境外机构中方派出的董事长、副董事长、监事长、行长(总经理)、副行长(副总经理)等高级管理人员，由中国人民银行对其任职资格进行审查和管理；聘任外籍高级管理人员应报中国人民银行备案。商业银行应及时、全面、完整、真实地向中国人民银行报送境外机构的以下资料：(1) 业务基本情况表，按季于季后 20 日内上报；(2) 贷款质量监控表，按季于季后 20 日内上报；(3) 资产负债表，按半年和年度分别于当年 7 月 31 前和次年 2 月 15 日前上报；(4) 损益表，按半年和年度分别于当年 7 月 31 日前和次年 2 月 15 日前上报(以上报表均以美元为货币单位)。商业银行应每半年向中国人民银行报送境外机构汇总工

---

④ 伴随国务院机构调整，目前相应审批管理职能移至中国银行业监督管理委员会。2004 年 12 月 17 日中国人民银行和中国银行业监督管理委员会联合发布公告，将中国人民银行关于印发《商业银行境外机构监管指引》的通知(银发[2001]257 号)列为由中国银行业监督管理委员会监督实施的规章和规范性文件。

⑤ 商业银行在香港、澳门特别行政区和台湾地区设立或收购的境外机构，依照《指引》执行。见《指引》第 36 条。

⑥ 《指引》第 2 条。

作报告,内容包括:(1) 主要资产负债项目及变化情况;(2) 资产质量情况;(3) 财务收入和支出情况;(4) 违法违纪情况;(5) 高级管理人员变化情况;(6) 东道国监管当局指出的经营中存在的问题和整改情况;(7) 外部审计师的审计报告;(8) 下半年或次年工作计划;(9) 其他需要报告的事项。上述工作报告于每年 7 月 31 日前和次年 2 月 15 日前上报。

《指引》要求商业银行建立健全境外机构的内部控制制度、授权管理和请示报告制度、高级管理人员的任用、管理制度、风险管理系统、信息安全系统,采取反洗钱及防范欺诈行为的措施。商业银行应加强内部稽核,至少每三年对境外机构进行一次全面稽核,稽核报告应报送中国人民银行。年度报告方面,商业银行应在每年 2 月 15 日前向中国人民银行报送上年度对境外机构的稽核情况,包括:(1) 上年度对境外机构稽核的基本情况;(2) 稽核中发现的主要问题及处理意见;(3) 境外机构的整改情况;(4) 本年度稽核计划。临时报告方面,商业银行应建立境外机构重大事项报告制度,及时向中国人民银行报告以下事项:(1) 发生严重亏损或大额坏账;(2) 员工有舞弊、欺诈等行为,涉及较大金额,造成较大经济损失;(3) 东道国监管当局对商业银行境外机构采取的重大处罚措施;(4) 向东道国监管当局报告的重大事项;(5) 其他应报告的重大事项。

《指引》规定了对商业银行境外机构的检查监管行为。中国人民银行每年制定商业银行境外机构监管计划,内容包括:(1) 机构审批计划;(2) 现场检查计划;(3) 与国外监管当局的交流与合作事项;(4) 拟采取的监管措施。同时,建立包含境外机构在内的商业银行非现场监管信息系统,对商业银行实行综合并表监管;根据非现场监管情况,每年至少选择两家商业银行境外机构,对下列事项进行全面或者专项检查:(1) 资产质量;(2) 盈亏状况;(3) 附属机构的资本充足率;(4) 内部控制;(5) 风险管理;(6) 遵守中国和东道国监管法律、法规情况;(7) 中国人民银行需要进行检查的其他事项。中国人民银行在实施对商业银行境外机构的现场检查前,向商业银行总行发出检查通知书;在完成现场检查后,向商业银行通报现场检查的情况,并提出整改意见;对于现场检查中发现的存在严重问题或整改情况较差的商业银行境外机构,将组织跟踪检查。中国人民银行在每年度结束后对商业银行境外机构的规模、资产质量、盈亏状况、风险管理和内部控制进行综合评价,并确定下一年度的监管重点;将商业银行境外机构的经营状况、存在的问题和风险纳入商业银行年度监管报告,并提出监管建议。中国人民银行对商业银行境外机构因经营管理不善而造成重大风险或损失的,将采取以下处罚措施:(1)停止审批商业银行设立或收购新的境外机构;(2)取消商业银行境外机构中方有关责任人一定时期直至终身的高级管理人员任职资格;(3)《境外金融机构管理办法》规定的其他处罚措施。

《指引》突出了与国外有关银行监管当局的信息交流与合作。中国人民银行参照巴塞尔银行监管委员会发布的有关跨境银行监管的要求,与东道国监管当局在划分监管责任的基础上加强合作,交流监管信息,确保商业银行境外机构得到充分的监管。在平等协商的基础上,中国人民银行与东道国监管当局签订双边监管备忘录,明确双方的权利、义务和具体合作的内容,定期交流监管信息。未签订双边监管备忘录的,可通过互访或信函,了解商业银行境外机构的经营和风险情况,主要内容包括:(1)资产质量;(2)盈亏状况;(3)内部控制状况;(4)管理层的管理能力;(5)计算机操作系统的可靠性;(6)东道国监管当局采取的监管措施。中国人民银行在获知东道国监管当局发现商业银行境外机构存在严重问题时,可与对方沟通和协商,并采取积极有效的监管措施。在实施对商业银行境外机构的现场检查前,中国人民银行应致函东道国监管当局;实施现场检查时,尊重东道国的法律,积极取得东道国监管当局的支持,并对检查中获得的信息负有保密责任;完成现场检查后,将检查结果和基本结论告知东道国监管当局,并就拟采取的监管措施与对方进行沟通。

(三)评析与问题

总体上,对于境外银行机构,《指引》是在《办法》的基础上进一步和有针对性的规范。从法律规范的层级来看,《办法》效力高于《指引》。《办法》1990 年经国务院批准、由中国人民银行发布,由于在 2000 年 7 月 1 日《立法法》施行之前,因此可以作为行政法规适用。至于国务院各部委近年来经常使用的"指引"形式,其法律效力尚存争议,有认为其属于部门规章的,也有将其视为部门规范性文件的。但无论如何,《指引》都只是部门规章或以下级别的法律规范。

从颁布时间来看,1990 年发布的《办法》早于《中国人民银行法》、《商业银行法》等重要金融法规,所体现的内容反映了在 90 年代中后期"分业经营、分业管理"格局确立之前的金融初创混乱局面。相比之下,11 年后的《指引》有可能涵盖晚近的发展,并且还吸收了巴塞尔银行监管委员会有关国际监管与合作的基本原则,应当说是对《办法》的补充和完善。

从适用范围来看,《办法》调整的领域要比《指引》宽泛。首先,除了不适用于在中国境内设立的外商投资企业[⑦],《办法》中境外机构的设立主体既包括境内中资机构,又包括境外中资机构;而《指引》只规范境内银行机构在境外进行设立或收购银行机构,不涉及境外中资银行在境外再投资的机构。其次,就所称"境外机构"的性质而言,《办法》涵盖的是广义的金融机构,即"从事存款、贷款、票据贴现、结算、信托投资、金融租赁、担保、保险、证券经营等项金融业务的机构",而《指引》只是有针对性地规范银行机构。再次,从银行机构的具体类型来看,《办法》指向的对象既有营业性机构,也包括非营业性机构——代表机构;反观《指引》则只适用于营业性银行机构,即银行分支行、全资附属银行以及纳入合并会计报表范围的控股和参股银行。因此可以说,除了在有关银行境外代表处的问题上只适用《办法》,《指引》为其他银行境外机构提供了更具针对性的规范。

结合实施实践研读《办法》和《指引》,可以发现以下问题。首先是境

⑦ 《办法》第 21 条。

外银行机构混业经营的问题，具体又可分为三个层面的问题。其一，我国银行在境外的机构能否从事非金融的业务？《办法》和《指引》都不涉及这一问题，笔者则持否定态度。因为即使是以《金融服务现代化法》确立金融控股公司混业经营模式的美国，也依然强调金融与非金融之间的界限。我国《商业银行法》第3条规定，商业银行可以从事其列举的十三类业务以及经国务院银行业监督管理机构批准的其他业务，而且其经营范围由商业银行章程规定，报国务院银行业监督管理机构批准。银监会应当坚持分隔金融与非金融这一原则，严格规范并监督执行。

其二，我国银行能否在境外设立或收购非银行金融机构？《指引》不涉及这一问题，而从《办法》第2条的表述来看，未排除银行在境外设立收购"从事存款、贷款、票据贴现、结算、信托投资、金融租赁、担保、保险、证券经营等项金融业务的机构"的可能性。如上所述，这当然主要应从《办法》的立法年代和所反映的背景得到解释。然而与国内混业经营主张日盛相呼应，一些人希望在银行境外机构领域率先开禁，而且《商业银行法》确实只要求商业银行在中华人民共和国境内不得向非自用不动产投资或者向非银行金融机构和企业投资。[8] 不过在讨论远未结束甚至深入的情况下，笔者仍倾向于在现阶段明确禁止或者严格限制这种行为。

其三，我国境外银行机构能否从事非银行金融业务？《办法》和《指引》没有直接涉及这一问题，事实上即使是严格分业时代法律对此也没有直接的禁止。当时的《商业银行法》第43条规定："商业银行在中华人民共和国境内不得从事信托投资和证券经营业务，不得向非自用不动产投资或者向非银行金融机构和企业投资。"显然"在中华人民共和国境内"的表述提供了解读的空间。退一步讲，一些东道国还允许外国银行分行从事其母国不允许但东道国法律允许的业务（如证券承销），子银行（包括全资附属银行及纳入合并会计报表范围的控股和参股银行）就更不必

⑧ 《商业银行法》第43条。

说了。做还是不做,无论是我国境外银行机构,还是其国内总行(母行),都面临很大的困惑和不确定性。[9]

实际上,上述三个层面的问题是一脉相承的,其答案也最终归结于我国商业银行提供境外服务的总体思路:全面参与竞争还是有限度地进入?基于本文整体分析,笔者以为目前我国银行尚不具备把握提供全面金融服务所面对风险的能力,在境外市场的陌生环境中尤为如此。因此现阶段应仍以"有限度地进入"为基本原则,通过试点甄别摸索,循序渐进地拓展业务。在试点初期,对于风险较高的业务如证券投资,还应施加种类、规模等方面的限制。美国在这方面的做法值得我国参考和借鉴。例如其允许国民银行投资证券的种类限于:中央银行、票据交换所、政府实体、外国银行所在国政府发起的发展银行等发行的证券;满足当地储备或者类似要求的其他合格债券;自动电子支付系统、职业团体、学校等股票等。同时银行在外国所从事上述投资不得超过该外国分行在上一年度末报告当日存款的1%。[10]

其次是对境外分行、子银行、办事处等机构实施差别监管的问题。目前《办法》和《指引》在设立申请人条件、审查和批准程序等方面对这三类机构所体现的差异尚显不足。由于《指引》只针对营业性银行机构,因此有关办事处等银行境外代表机构的监管只能援引《办法》,而后者一则颁布时间已久,二来规则内容不够具体。对营业性机构与非营业性机构(包括代表机构)分别进行规范,似乎是我国银行监管中的一贯思路。我们看到,在对外资银行在华机构的监管问题上亦是如此,《外资金融机构管理条例》[11]、《外资金融机构驻华代表机构管理办法》各为依据。[12] 如果这一思路得以延续,银监会似有必要针对境外非营业性机构(代表机构等)发布指引或其他规范性文件,以补充细化《办法》之规定。

---

⑨ 李金泽:《银行业变革中的新法律问题》,中国金融出版社2004年版,第103页。
⑩ 同上书,第105页。
⑪ 2002年2月1日起实施。
⑫ 2002年6月27日中国人民银行颁布,2002年7月18日起实施。

分行与子银行之间，也存在进一步加以区别的必要。如下文“美国对外资银行机构的法律规制”部分所述，两者在系统性风险、稳健性要求、破产清算等方面都体现出各自的特点，因此美国对这两类外资银行机构也有不同的监管重点和规则。反观《办法》和《指引》，基本上未区分两类机构提出各自的要求。例如在设立申请的资本金问题上，《办法》第 4 条只笼统地规定“境内金融机构申请设立或者收购境外金融机构……有不低于 8 千万元人民币等值外汇的自有资金”，而未针对分行和子银行资本需求的特点以及东道国可能的不同监管要求进行进一步区别对待。这方面的问题值得在完善规则，特别是《指引》的过程中加以注意和研究。

再次是与外国银行监管当局合作的问题。《指引》落实巴塞尔委员会提出的原则，一定程度上弥补了《办法》在这方面的缺陷。这种合作也反映了现实的要求，一个广为人知的案例是中美两国对于中国银行纽约分行违规行为的处罚。2002 年 1 月 17 日，美国财政部货币监理署发布认可令（Consent Order），对中行纽约分行处以 1000 万美元罚款；同时，中国人民银行对中国银行总行处以同样数额罚款。根据当时披露的文件，处罚的主要原因是在检查中发现，该分行原管理人员从事了许多不安全的行为，包括对一桩信用证欺诈阴谋的协助、对一桩贷款诈骗阴谋的协助、未经授权而解除担保并对其进行隐瞒，以及其他可疑行径和潜在的欺诈行为。之后伴随诉讼的展开，相关内幕陆续曝光。仅在骗贷案中，周某夫妇就通过中行内部管理人员杨某的配合，从中行纽约分行骗取贷款累计超过 2500 万美元。

美国方面主导了对该案的调查和处理，而我方也积极配合，未出现像日本在大和银行案中那样的缓报和推诿。实际上，这种合作态度是正确和建设性的。这一事件不仅加速了我国对中行原行长王雪冰的处理，调查过程所体现的和认可令所设置的监管机制，也为我国银行监管制度的完善和制度的贯彻实施，提供了经验借鉴和对策手段。例如，认可令确立了风险官、外部审计师、第三方抽查等三项制度。首先，纽约分行必须聘用一位首席风险官负责风险管理，其权限几乎涵盖银行的所有业务，并有权否决贷款协议，中止银行与客户的关系。纽约分行的总经理如果要推翻风险官的决定，必须书面将此决定连同有关材料在30天内报送货币监理署。同时为制约首席风险官，纽约分行必须与总行协商，聘请独立的外部审计师对首席风险官领导下风险管理部的活动和执行认可令的情况进行审计。为保证审计师独立合格，中国银行在发出正式聘书前，应将聘书副本报货币监理署。此外，认可令还规定了第三方抽查制度，要求纽约分行聘请独立可靠的第三方，对其业务行为进行抽查。在对第三方发出聘书之前，同样需要将聘书副本报送货币监理署。这些措施对于我国完善银行内控机制、风险管理等起到了直接的推动作用。

在协调和衔接双方监管方面，现行规则尚存在进一步完善的空间。例如《办法》第8条规定，我国监管机构对申请单位提交的申请文件进行审查，并在接到申请文件之日起3个月内决定批准或者不批准。由于境外机构的设立或收购可能需要东道国方面的批准，假如因为东道国监管机构的拒绝或迟延，申请人获得其批准与在国内申请获准时相隔甚远，情况可能已发生巨大变化，由此产生批准效力以及重新审批的问题。此外，我国在审批境外银行机构时是否应该以及如何与外国监管者预先沟通，都是值得推敲之处。

当然，徒法不足以自行，再完善的规则也必须依靠严格执行来发挥作用。诚如世界银行高级金融专家、清华大学中国经济研究中心高级研究员王君先生所言，如果仅从各项规章上看，在国际上中国银行业并不落后，甚至有些方面过于严格，但是各项程序、规章和制度，自有它的局限性。而且处置大案要案，我们往往选择性执法，并没有真正做到发现一起，就调查一起，处理一起。国内并不是有一套自动按照一定规则的体系，而是要有人检举、经人批准后，才会调查。既然调查并非遵循自动的程序，就会加剧作案人的侥幸心理。这还不单是银行监管的问题，而且是一个纪律和司法的问题。[13] 王先生长期在银行业监管一线工作,曾任中国人民银行稽核局副局长、监管一司副司长,自然深有体会,一语中的。“天高皇帝远”、“将在外军令有所不受”,时空间隔使得对银行境外机构的有效监督与执法显得尤为困难,其间也蕴藏着巨大风险,需要中国银行业经营者和监管者加倍小心谨慎。

二、离岸银行业务

(一) 简介

离岸银行业务(Offshore Banking)又称银行离岸业务,一般是指银行吸收非居民的资金,服务于非居民的金融活动。就我国目前而言,“非居民”是指在中国大陆以外(含港、澳、台地区)的自然人、法人(含在境外注册的中国境外投资企业)、政府机构、国际组织及其他经济组织以及中资金融机构的海外分支机构,但不包括境内机构的境外代表机构和办事机构。[14] 银行可申请经营的离岸业务包括外汇存贷款、国际结算、同业外汇拆借、发行大额可转让存款证、外汇担保、咨询见证业务以及国家外汇管理局批准的其他业务。

离岸银行业务的特点及优点主要体现在:(1) 自由的资金汇划。客户的离岸账户等同于在境外银行开立的账户,可以从离岸账户上自由调拨资金,不受国内外汇管制。(2) 灵活的存款利率。存款利率、品种不受境内监管限制,比境外银行同类存款利率优惠、存取灵活。特别是大额存款,可根据客户需要,在利率、期限等方面度身订做,灵活方便。(3) 优惠的税收政策。例如,我国对离岸存款取得之利息免征存款利息税,因此离岸存款实际净收益比较丰厚。(4) 全面的金融服务。离岸业务提高了境

---

⑬ 庞瑞锋:《盯住银行家是监管第一要务》,载《南方周末》2005 年 3 月 24 日。

⑭ 北京大学金融法研究中心编:《金融法小词典》,法律出版社 2004 年版,第 82 页。

内外资金综合运营效率，可充分利用银行既可提供在岸业务同时具备境外银行业务功能的全方位服务特点，降低资金综合成本，加快境内外资金周转，提高资金使用效率。[15]

我国银行离岸业务的发展道路并不平坦。自1989年起，中国人民银行和国家外汇管理局曾先后批准招商银行、中国工商银行深圳市分行、中国农业银行深圳市分行、深圳发展银行、广东发展银行深圳分行等五家银行试办离岸金融业务。1999年初，由于亚洲金融危机爆发，人民币面临巨大的贬值压力，之前的广东国际信托投资公司等机构的倒闭更使离岸银行业务风险凸显。为防止资本外逃，保护本国金融体系，中国人民银行决定下令暂停此项业务。2002年6月，中国人民银行批准招商银行、深圳发展银行、上海浦东发展银行和交通银行重新开展银行离岸业务。

（二）规范

目前我国针对离岸银行业务的规范集中在规章层面：中国人民银行1997年10月23日发布的《离岸银行业务管理办法》（1998年1月1日起施行，以下简称"《管理办法》"）[16]、国家外汇管理局1998年5月13日发布的《离岸银行业务管理办法实施细则》（1998年5月13日起施行，以下简称"《实施细则》"）。

《管理办法》定义："离岸银行业务"是指银行吸收非居民的资金，服务于非居民的金融活动。"非居民"是指在境外（含港、澳、台地区）的自然人、法人（含在境外注册的中国境外投资企业）、政府机构、国际组织及其他经济组织，包括中资金融机构的海外分支机构，但不包括境内机构的境外代表机构和办事机构。

《管理办法》规定：国家外汇管理局及其分局是银行经营离岸银行业务的监管机关，负责离岸银行业务的审批、管理、监督和检查，而受此《管

---

⑮ *See* http://www.law-china.com/zhuanti/newsd.asp? id=2286.

⑯ 银发［1997］438号。

理办法》约束的“银行”是指经国家外汇管理局批准经营外汇业务的中资银行及其分支行。银行经营离岸银行业务,应当经国家外汇管理局批准,并在批准的业务范围内经营。未经批准,不得擅自经营或者超范围经营离岸银行业务。银行总行申请经营离岸银行业务,由国家外汇管理局审批;银行分行申请经营离岸银行业务,由当地外汇局初审后,报国家外汇管理局审批。经批准经营离岸银行业务的银行的分支机构不得代办离岸银行业务。[17] 国家外汇管理局对申请开办离岸银行业务的银行实行审批前的面谈制度。[18]

银行可以申请下列部分或者全部离岸银行业务:(1) 外汇存款;(2) 外汇贷款;(3) 同业外汇拆借(指银行与国际金融市场及境内其他银行离岸资金间的同业拆借);(4) 国际结算;(5) 发行大额可转让存款证(指以总行名义发行的大额可转让存款证)[19];(6) 外汇担保;(7) 咨询、见证业务;(8) 国家外汇管理局批准的其他业务。对于“外汇存款”有以下限制:(1) 非居民法人最低存款额为等值5万美元的可自由兑换货币,非居民自然人最低存款额为等值1万美元的可自由兑换货币;(2) 非现钞存款。此外,离岸银行业务经营币种仅限于可自由兑换货币。

针对离岸银行业务申请和批准的条件、程序,《管理办法》和《实施细则》作出了比较明确的规定。银行经营离岸银行业务,应当经国家外汇管理局批准,并在批准的业务范围内经营。未经批准,不得擅自经营或者超范围经营离岸银行业务。经营离岸业务的银行须符合的条件包括:(1) 遵守国家金融法律法规,近三年内无重大违法违规行为;(2) 具有规定的

---

[17] 《实施细则》第10条。

[18] 面谈对象是指离岸业务部的主要负责人及分管离岸银行业务的行长或副行长。面谈内容主要包括:对金融,外汇管理政策法规的掌握程度;对当地离岸市场发展的认识;本行离岸银行业务经营方针及内控制度;离岸业务部机构设置及筹备情况;国家外汇管理局要求的其他内容。《实施细则》第12条。

[19] 离岸银行发行大额可转让存款证,须符合以下条件:银行遵守国家金融法规,近3年无重大违法违规行为;开办离岸银行业务1年以上,经营状况良好;离岸银行业务总资产规模在1亿美元以上;国家外汇管理局规定的其他条件。《实施细则》第20条。

外汇资产规模,且外汇业务经营业绩良好;(3) 具有相应素质的外汇从业人员[20],并在以往经营活动中无不良记录。其中主管人员应当具备5年以上经营外汇业务的资历,其他从业人员中至少应当有50%具备3年以上经营外汇业务的资历;(4) 具有完善的内部管理规章制度和风险控制制度[21];(5) 具有适合开展离岸业务的场所和设施;(6) 国家外汇管理局要求的其他条件。

银行申请经营离岸银行业务,应当向外汇管理局提交下列文件和资料:(1) 经营离岸银行业务申请书[22];(2) 经营离岸银行业务的可行性报告[23];(3) 经营外汇业务许可证的正本复印件;(4) 经营离岸银行业务的内部管理规章制度和风险控制制度;(5) 近3年资产负债表和损益表(外币合并表、人民币和外币合并表);(6) 离岸银行业务主管人员和其他从业人员名单、履历,外汇局核发的外汇从业人员资格证书;(7) 经营离岸银行业务的场所和设施情况简介;(8) 国家外汇管理局要求的其他文件和资料。银行分行申请开办离岸银行业务除提交上述文件和资料外,还应当提交其总行同意其开办离岸银行业务的文件、总行出具的经营离岸银行业务的授权书和筹备离岸银行业务的验收报告。

国家外汇管理局收到银行经营离岸银行业务的申请后,应当予以审核,并自收到申请报告之日起4个月内予以批复。对于不符合开办离岸银行业务条件的银行,国家外汇管理局将其申请退回。自退回之日起,6个月内银行不得就同一内容再次提出申请。经批准经营离岸的银行自批准之日起6个月内不开办业务的,视同自动终止离岸银行业务。国家外

---

[20] 是指具有相应素质的外汇从业人员是指经外汇局考核并取得离岸银行业务从业人员资格证书的人员,人数应当不少于5名。《实施细则》第3条。

[21] 其必须包括:与申请业务对应的各项业务内部管理规章制度及操作办法;各项业务风险防范措施;资金管理制度;会计核算制度;内部报告制度。《实施细则》第4条。

[22] 其必须包括:申办离岸银行业务的主要理由;申办离岸银行业务的范围;离岸银行业务的筹备情况,如人员、设备、场所准备情况等。《实施细则》第6条。

[23] 其必须包括:经营离岸银行业务的必要性和可行性;当地经济发展状况及开办离岸银行业务的业务量预测。《实施细则》第7条。

汇管理局有权取消其经营离岸银行业务的资格。值得注意的是,停办离岸银行业务同样要经过申请并且经国家外汇管理局审查批准。㉔

离岸业务管理方面,《管理办法》和《实施细则》要求银行独立核算、分账管理、单独检测风险。离岸银行发行大额可转让存款证的余额不得超过上年离岸负债月平均余额的40%。境内机构向离岸银行申请离岸贷款,视同国际商业贷款,按照《境内机构借用国际商业贷款管理办法》管理。境内机构作为担保人,为非居民向离岸银行提供担保,必须遵守《境内机构对外担保管理办法》及其实施细则的规定。离岸银行对离岸银行业务风险按以下比例进行单独监测:离岸流动资产与流动负债比例不低于60%;离岸流动资产与离岸总资产比例不低于30%;对单个客户的离岸贷款和担保(按担保余额的50%折算)之和不得超过该行自有外汇资金的30%;离岸外币有价证券(蓝筹证券和政府债券除外)占款不得超过该行离岸总资产的20%。离岸银行应当定期向当地外汇管理局报送离岸银行业务财务报表和统计报表及业务状况分析报告,并保证所报资料的真实性和完整性。㉕

离岸业务客户管理方面,《实施细则》也提出了具体要求。客户开立离岸账户时必须向离岸银行提供有效文件。非居民法人客户开立离岸账户时必须提供下列文件:商业登记证影印本或社团登记证明文件、主要经营人员身份证或护照影印本、机构组织大纲及章程影印本、开户委托书、印鉴卡。非居民自然人开户时,应提供能证明其为非居民身份的有效法律文件。离岸银行应当核实非居民提供的开户资料,并复印留底。经营境内外销楼宇的境内发展商经当地外汇局批准可以在离岸业务部开立专用账户,业务结束,取消账户。

㉔ 《实施细则》第14条。

㉕ 报表种类包括:财务报表:《离岸银行业务资产负债表》(月报),《离岸银行业务损益表》(季报);统计报表:《离岸贷款业务统计表》(月报)、《离岸结算业务统计表》(月报)、《离岸不良贷款统计表》(月报)、《离岸大额贷款统计表》(月报)、《离岸担保统计表》(月报)、《离岸同业拆借统计表》(月报)。《实施细则》第24条。

《管理办法》和《实施细则》赋予国家外汇管理局监管离岸银行业务的职能。国家外汇管理局每年对银行经营离岸银行业务的情况进行检查和考评,检查和考评的内容包括:离岸银行资产质量情况;离岸银行业务收益情况;离岸银行业务内部管理规章制度和风险控制制度的执行情况;国家外汇管理局规定的其他情况。当离岸业务发生下列情况时,银行应当在1个工作日内主动向外汇管理局报告,并且及时予以纠正:离岸账户与在岸账户的头寸抵补超过规定限额;离岸银行业务的经营出现重大亏损;离岸银行业务发生其他重大异常情况;银行认为应当报告的其他情况。出现上述情况时,当地外汇管理局须对银行其实行特别监控,督促其及时纠正,并视情节轻重及时通报国家外汇管理局及其总行。此外,针对银行违反《管理办法》的不同类型行为,《管理办法》授权外汇管理局根据《中华人民共和国外汇管理条例》之相关规定进行处罚。[26] 构成犯罪的,依法追究刑事责任。

值得注意的是,随着国家机构改革,离岸银行业务监管职能的具体执行者近年来有所变化。按照当时国务院机构改革的精神,中国人民银行于1998年10月20日发布《关于对金融机构外汇业务监管职责划分的通知》[27],将原由国家外汇管理局负责的对金融机构外汇业务市场准入审批、对金融机构外币资产的质量和风险监管等职能转移给中国人民银行。1999年5月18日,中国人民银行、国家外汇管理局发布《关于国家外汇管理分支局金融机构外汇业务监管职能划入人民银行分支行的通知》[28],国家外汇管理各分支局原承担的监管职能移交到中国人民银行分支行相应监管部门。2004年12月17日中国人民银行和中国银行业监督管理委员会联合发布公告[29],将《离岸银行业务管理办法》等作为人民银行和银监会共同监督实施的规章和规范性文件。至此银监会成为我国离岸银行业

---

[26] 《管理办法》第31条至第35条。
[27] 银办发[1998]112号。
[28] 银发[1999]167号。
[29] [2004]第20号。

务的主要监管者。

（三）问题

应当说，开展离岸业务对于日益迈向国际化的银行是具有吸引力的。离岸银行业务的外汇存款、外汇贷款利率可以参照国际金融市场利率制定[30]，银行吸收离岸存款免交存款准备金[31]，非居民资金汇往离岸账户和离岸账户资金汇往境外账户以及离岸账户之间的资金可以自由进出[32]，这些“优待”对于拓展银行外汇资金运用渠道、丰富赢利手段大有裨益，特别是在传统赢利模式——“存贷差”日见萎缩的现实环境中，有利于银行扩展利润渠道，增加竞争优势。从金融宏观决策者的角度看，上海和深圳都有雄心发展成为世界性或区域性的金融中心，考虑到社会经济发展水平、资本管制等现实因素的制约，开展离岸银行业务可以起到预热的作用，推动金融自由化的进程。可能也正是出于这样的原因，中国人民银行选择规模相对较小的几家股份制商业银行率先开展这项业务，为今后进一步推广积累经验。

当然，获准开展离岸业务未必就意味着盈利。相反，苦涩的历史经历揭示了离岸银行业务所蕴涵的风险。例如根据招商银行 2002 年初招股说明书风险提示称，截至 2001 年 12 月 31 日，该行离岸贷款折合人民币 40.82 亿元，按一逾两呆统计不良率为 84.42%；按五级分类统计不良率为 93.31%。尽管离岸贷款仅占全行贷款的 2.91%，但其回收情况仍然存在较高的风险。而且在招行 143.76 亿元不良资产中，26.49% 来自于其离岸业务，其中外币不良贷款部分半数以上是离岸不良贷款，这部分贷款虽然已经计提了 30% 的准备金，但可回收性极低，很可能要被核销。

客观地讲，招行上述离岸不良资产的形成有其历史原因。其中最主

---

[30] 《管理办法》第 22 条。
[31] 《管理办法》第 23 条。
[32] 《管理办法》第 26 条。

要的一是中国人民银行暂停离岸业务许可,使得一些原本不应成为不良资产的,比如原本正常的贷款,被叫停3年后,变成了逾期贷款。二是广国投案发后,债权银行对所有中资企业进行惩罚,导致招行不少客户(多为内地政府的窗口公司)陷入困境,形成不良资产。这两块几乎占到招行离岸业务不良资产的一半以上。招商银行行长马蔚华认为,在央行重开离岸业务后,一些呆账仍有盘活的可能。

上述实践昭示了离岸银行业务所面临的政策风险与市场风险,而同样令人担心的还有操作风险,特别是离岸账户与在岸账户之间的风险隔离。《管理办法》和《实施细则》对此作出了一些规定。例如,离岸账户和在岸账户间的资金往来,银行应当按照以下规定办理:(1)在岸账户资金汇往离岸账户的,汇出行应当按照结汇、售汇及付汇管理规定和贸易进口付汇核销监管规定,严格审查有效商业单据和有效凭证,并且按照《国际收支统计申报办法》进行申报。(2)离岸账户资金汇往在岸账户的,汇入行应当按照结汇、售汇及付汇管理规定和出口收汇核销管理规定,严格审查有效商业单据和有效凭证,并且按照《国际收支统计申报办法》进行申报。[33] 银行离岸账户头寸与在岸账户头寸相互抵补的限额和期限由国家外汇管理局核定。未经批准,银行不得超过核定的限额和期限。[34] 离岸银行离岸头寸与在岸头寸相互抵补量不得超过上年离岸总资产月平均余额的10%。离岸头寸与在岸头寸抵补后的外汇净流入不得超过国家外汇管理局当年核定的银行短期外债指标。[35] 这些措施是否被切实执行以及能够有效防止账户间的不当混合,仍需要在实践中进一步检验。

此外,国际金融形势的发展也会在我国离岸银行业务监管中有所体现。离岸银行业的立法和监管在最近三十年间逐渐形成了一套完整的法规和监管体系。1992年,巴塞尔委员会发布“对国际银行业集团及其跨

---

[33] 《管理办法》第26条。
[34] 《管理办法》第27条。
[35] 《实施细则》第15条。

国机构监督的最低标准”。1996年,该委员会又和国际清算银行的银行业监管者离岸集团(OGBS)共同发布了“跨国银行业监管”,就1992年报告执行中出现的问题提出了29条建议。1997年,巴塞尔委员会发布了更为综合的“有效银行监管的核心原则”,涵盖了离岸银行业务。除OGBS之外,国际金融界对离岸银行业务可能违法活动的专门监管组织还有:金融稳定论坛(FSF),金融行动任务集团(FATF)。进入21世纪以来,针对恐怖主义、毒品交易的反洗钱工作在全球范围内获得了前所未有的重视。上述组织纷纷建立标准以判断、确定提供洗钱活动的国家,制定制裁措施,要求强化对离岸业务的法制建设和监管程序,加强各国监管机构之间的合作、协调和同一行动。[36] 据悉,由全国人大常委会预算工作委员会牵头,中国人民银行、银监会、国家外汇管理局、最高人民法院、最高人民检察院、外交部、公安部、国安部、司法部、财政部、商务部、海关总署等单位参与的《反洗钱法》起草工作正在进行。预计该法及其配套法规、规章等将对可能涉及洗钱活动的离岸银行业务进行进一步的规范。

总而言之,离岸银行业务对于那些积极寻求国际化的我国银行来说更像是一柄双刃剑。运用得当可增加收入,拓展利润增长点;违规操作或择时不当则可能增添风险暴露,加大损失。开展离岸业务的银行必须加倍关注国际金融市场的发展变化,强化规范操作和风险管理,实时地分散和转移风险,在谨慎经营中不断积累经验,提高技能,兴利除弊。

三、美国对外资银行机构的法律规制

(一)基本情况

美国是世界上最发达的国家之一,拥有全球最重要的货币和资本市

[36] 见陆晓明:《离岸银行业务和离岸金融中心的发展与监管》,载《国际贸易》2004年第10期。

场。大量外国银行追随着自己的客户进入美国市场。除了通过离岸银行业务,在美国境外针对美国居民吸收存款、发放贷款,相当多的外资银行选择在美国设立各种形式的商业存在或机构开展业务。这样的机构主要有分行(branch)、子银行(subsidiary)、代理行(agency)以及代表办事处(representative office)等四类形式。目前这四类机构都可以选择在美国联邦或各州注册。外资银行在某一特定州内,不能同时采用分行和代理行这两种形式,只能选择其一。此外,在有些州例如纽约州,还存在所谓"投资公司"(investment company)等特殊形式。外资投资公司既可以从事证券投资和交易,也可以从事某些领域的商业融资业务,但获准采取这种形式要受到一定的限制。

分行作为外国银行的一部分,可以经营包括吸收存款在内的、联邦或州法允许的所有业务。联邦政府对分行进行注册的部门是美国财政部下属的货币监理署(Office of the Comptroller of the Currency,OCC)。子银行则是外国银行通过在美新设或并购产生,作为独立的美国法人,按照美国银行的标准接受管理。联邦及部分州法下,代理行不得吸收美国居民的存款,否则将其作为分行对待,其他业务与分行相同。纽约州等则允许代理行吸收十万美元以上的美国居民存款。代表办事处只是一种业务联系机构,不能从事任何直接营利性业务,例如吸收存款或者发放贷款等。

1978 年以前,美国没有统一的针对外资银行的联邦法律,各类机构的活动由各州负责管辖。这使得外资银行不受许多制约美国本土银行的联邦法规约束,令后者深感遭受不平等的对待。1978 年美国国会颁布《国际银行法》(International Banking Act),结束了外资银行的超国民待遇,首次创设了规范其设立和运作的联邦法,促使外资银行与本土银行公平竞争。该法也确立了前述美国管制外资银行的双重制度,即外资银行可以选择联邦或各州进行注册。1991 年美国国会又颁布了《外资银行监督改善法》(Foreign Bank Supervision Enhancement Act)。该法进一步强化了美联储监管外资银行的职能,并对违反美国法律的外资银行规定了严厉的制裁和惩罚措施。

美国联邦层级的外资银行监管机构主要有美联储、联邦存款保险公司(FDIC)以及货币监理署。美联储不仅管辖联邦注册的外资银行,也可监管在各州注册的外资银行(对于非联储成员但经联邦保险的州注册外资银行,则是联邦存款保险公司)。它的主要权力包括:(1)对外资银行在美设立分行或代理行、或者并购美国银行信贷机构的事先批准权。没有美联储的事先批准,外资银行无法从货币监理署获得营业执照。(2)对联邦或州注册的外资银行的检查权。不过美联储通常都依靠货币监理署或州银行监管机构履行实际检查或与后者一起进行检查。(3)对外资银行经营资格的终止权。无论是联邦或州注册的外资银行,如果被发现其母国没有充分全面的监管,或者该外资银行违法美国法律或在美从事不安全的银行业务,美联储可以终止其在美的经营资格。货币监理署的主要职责是对获得美联储事先批准的外资银行进行联邦执照的审批,同时对联邦注册外资银行的业务进行管理,以保证美国债权人的利益不受损害。货币监理署不对各州注册的外资银行进行监管。

美国各州设立银行监管机构,根据本州法律监管在州内注册的外资银行。由于大部分外资银行机构都设在纽约州,该州具有大量管理外资银行的专门法律。纽约州银行监管机构内设有专门的外资银行管理处,并拥有许多极富监管外资银行经验的人才。㊲

外资银行准入审批时,美国联邦或州监管机构主要考虑下列因素:(1)对美国国内外商业竞争的影响;(2)外资银行财政资源和管理素质以及未来发展前景;(3)所服务当地社区的需要和便利。批准外资银行进入的具体标准有四项:(1)外资银行总部所在国监管当局是否已同意该银行在美国设立机构;(2)外资银行的财政和管理能力,包括其从事国际银行业的经验和能力;(3)外资银行是否已向美联储充分保证,是否已

㊲ 陈小敏、王晓秋、彭海燕:《美国银行法》,法律出版社2000年版,第125页。

提供有关外资银行及其附属机构业务或运作的详细信息资料;(4)外资银行及其美国所属机构是否遵守美国法律。

联邦或州银行监管机构有权对外资银行进行检查,以督促银行稳健运营,保护存款人客户的利益。与针对美国本土银行的 CAMEL 指标(capital 资本、assets 资产、management 管理、earnings 盈利能力、liquidity 流动性)有所不同,针对外资银行分行和代理行的监管指标被称为 ROCA,即风险管理(risk management)、操作控制(operational controls)、合规性(compliance)以及资产质量(asset quality)。ROCA 指标的重点在于风险管理,特别是对风险进行评估、跟踪和控制。之所以关注点有所差异,是因为外资银行分行和代理行不是独立的法人,在资本和资产调度、流动性等方面往往受制于总行,难以自主。[38]

总体上,如果说国际银行监管的巴塞尔协定体现了"以股权原则为主,当地市场原则为辅;母国综合监督为主,东道国个别监管为辅"的总体思路,并且侧重于母国的监管责任,那么美国似乎更强调母国和东道国监管权的均衡。例如 1991 年《外资银行监督改善法》(FBSEA)规定:除非外国银行在其原籍国(母国)受到全面的监督,且承诺依美国金融管理机构的要求提供有关资料和信息,否则该银行不得在美国境内营业。同时还规定:外国银行在美分支机构与美国银行一样适用美国国内的银行法规;美联储有权批准外国银行设立分支机构,命令其停止营业,或是对它实施金融检查。[39]

截止 2002 年底,在美各类外资银行机构资产达 1.38 万亿美元,约占全美银行资产的 18%;商业贷款额达 2380 亿美元,占全美银行商业贷款总数的 24.8%。外资银行机构的四种形式中,分行和子银行的地位尤其重要,下文将对其作进一步介绍。

---

[38] 陈小敏、王晓秋、彭海燕:《美国银行法》,法律出版社 2000 年版,第 130—131 页。
[39] 盛杰民:《论对外资银行监管的法律原则》,载《现代法学》1997 年第 4 期。

（二）外资银行分行

截止到2002年底，在美国境内共有246家外资分行，其中196家在州注册，资产约占72%，不过州注册外资分行的份额在近年来略有下降。

1. 系统性风险

相比美国本土银行和外资银行子银行，外资银行分行在系统性风险方面具有自身的特点。一方面，外资银行分行在东道国货币市场所面临的流动性问题会比较严重，同时其母国市场也存在关闭的可能。另一方面，同业存款连锁危机的问题在这里并不突出，因为美国本土银行通常不会通过外资银行分行清算美元支付，而且外资银行经营失败一般不会引发对美国本土银行的挤提。监管者的主要担心在于外资银行分行对支付系统的影响。

与外资银行子银行不同，外资银行分行随其总行出现危机时将遇到最后贷款人方面的特别困难。理论上，其母国的中央银行通常会以其本国货币提供再贷款帮助，但并不绝对。美联储也可以提供美元再贷款，但由于担心会将损失揽上身并最终殃及纳税人，它经常不愿这样做，而更多地指望对方母国中央银行采取行动。相应地，东道国通常会采取措施限制外资银行分行参与支付系统，特别是限制其在支付系统内结算头寸或者要求其提供充分担保。实践中1991年国际商业信贷银行（BCCI）危机发生时，美联储及时知悉了其被关闭的消息，通告美洲银行等限制了国际商业信贷银行的结算头寸，避免了系统性风险的发生。

与系统性风险直接相关的存款保险制度方面，1991年美国国会通过的《联邦存款保险公司改进法》规定，之后外资银行分行将不能继续吸收10万美元以下的、经联邦保险的居民存款，不过当时已被保险的52家分行不受此限（grandfathered）。

2. 稳健性（safety and soundness）监管

外资银行分行稳健性监管方面，同样需要母国相当多的配合与协调。

国际商业信贷银行危机发生后，巴塞尔委员会1992年发布的巴塞尔协议确定了对外国银行监管的四个最低标准：(1) 所有国际性银行集团或国际性银行都必须受到一家具有综合监管能力的母国机构的监管；(2) 建立跨境银行服务机构，必须经过东道国和银行母国（以及银行集团母国）的事先批准；(3) 母国银行监管机构必须具有从跨境银行服务机构取得信息的权力；(4) 如果东道国监管机构认为上述最低标准未能达到，则可基于审慎要求施加符合最低标准的限制措施，包括禁止设立跨境银行服务机构。[40]

同样在国际商业信贷银行危机影响下，美国国会于1991年通过《外资银行监督改善法》，强化了联邦对外资银行的监管权限。准入审批方面：(1) 无论在联邦还是州注册，非经美联储事先批准，外资银行不得在美设立分行、代理行、收购商业信贷机构或取得其控制权。这使得之前外资银行选择在州注册、绕过美联储审批的做法不复可行。(2) 在获得批准之前，外资银行必须证明其处于母国机构综合性的集中监管之下（subject to comprehensive supervision and regulation on a consolidated basis）。(3)《外资银行监督改善法》修改了1965年《银行控股公司法》有关内容，授权美联储在审批时考虑监管对象的管理资源（例如股东、董事、管理人员的能力、经验和操守）和财务资源。(4) 规定了美联储裁量时可考虑的其他因素，例如母国监管者的同意、其与美联储在共享核心信息合作方面的紧密程度、遵守美国法律的承诺、社区的需求、银行在其母国的相对规模等。美联储审批时还可提出进一步的要求，如停止或限制其某种经营活动。

关闭撤销方面，美联储也被赋予了最终话语权。经过给予通知和听证机会，美联储可以在下列情况下要求某外资银行分行终止营业：(1) 该分行未受到具有综合监管能力的母国机构的监管；(2) 同时有理由认为

[40] Basel Committee on Banking Supervision, Minimum Standards for the Supervision of International Banking Groups and their Cross-border Establishments, July 1992.

其从事了违法或非稳健安全的银行业务。此外,在相信存在上述情况时,美联储还可以建议货币监理署吊销外资银行分行的营业执照。类似措施也适用于在各州注册的外资银行分行,后者在《外资银行监督改善法》之前所享受的优待或者说竞争优势不复存在。

日常监管方面,《外资银行监督改善法》赋予美联储对于所有在美外资银行分行的检查监管权。外资银行分行每年必须接受一次现场检查。同时,美联储、货币监理署以及联邦存款保险公司(FDIC)被要求协调其检查活动,并且尽可能地与州银行监管机构协调。1999年《金融服务现代化法》指定美联储为金融控股公司的全盘监管者(umbrella regulator),而美联储表示无意重复或替代其他银行监管机构的工作。[41] 不过,1995年的日本大和银行(在美分行)案件表明各监管机构的合作并非充分。该案中,不仅日本财政部没能在知情后及时通报其美国同行,甚至美联储知悉后也未迅速告知州银行监管机构。

3. 破产清算防范与管理

为防止外资银行总行破产而殃及其在美分行,美国要求该分行保持易于变现的资产,并超出其负债的一定水平。这种"类资本要求"既适用于在联邦注册的外资银行分行,也适用于在各州注册的外资银行分行。当然美国主张对这部分资产的处分权,与该外资银行整体破产清算管理人的诉求是有所冲突的,特别是容易干扰后者对该银行的重整努力,并影响到其不同国家债权人的平等受偿。美国的辩解是,作为东道国自己不应因为母国的监管不力而受害,同时这样做主要也是基于保护存款人的考虑。它国破产清算管理人的权力可以及于在美分行,但前提是其提供的存款保险制度能够达到与美国近似的水平。

---

[41] Letter from Richard Spillenkothen, Framework for Financial Holding Company Supervision (August 15, 2000), at 2.

(三)外资银行子银行

截止 2002 年底,在美国境内共有 78 家外资子银行。

1. 系统性风险

由于在美国设立,外资银行子银行适用与美国本土银行同样的监管规则。因此,美联储可以使用同样措施,控制其从银行同业吸存的上限或者限制其在支付系统中的结算头寸。另一方面,理论上讲,外资银行子银行出现问题,更容易引发对本土银行的挤提。不过,1991 年国际商业信贷银行危机发生时,其在美子银行——第一美国(First American)银行的问题没有引起对其他银行的挤提。

外资银行子银行出现问题,可能引起银行危机的连锁反应,但东道国在这种情况下更愿意作为最后贷款人,提供流动性。因此尽管同为外国人所拥有,相比外资银行分行,作为美国法人的外资银行子银行仍然较容易获得美联储给予的美元再贷款支持。

类似地,1991 年美国国会通过的《联邦存款保险公司改进法》规定,外资银行子银行仍可像本土银行一样,继续吸收 10 万美元以下的、经联邦保险的居民存款。而如前所述,外资银行分行在这方面则要遇到很大障碍。

2. 稳健性监管

对于外资银行子银行,东道国通常对其施加与本土银行相同的稳健性监管规范,例如资本充足率要求、贷款限制、检查与审计等。东道国一般不必担心其母银行的稳健性情况,因为后者的破产也许会引起子银行控制权转移,但通常不会影响到其稳健性。例如,1991 年国际商业信贷银行被破产清算,但其在美子银行——第一美国银行仍得以继续经营。

然而基于所谓力量源泉原则(source of strength doctrine),美国等国家对外资银行子银行的母公司(母银行)稳健性有所顾虑。出发点有二:一是希望外资银行子银行遭遇困难时,其母体能采取注资等方式施加援手。

二是担心积弱的外国母体可能会通过不正当关联交易等“掏空劫掠”(loot)其在美子银行。虽然第一美国银行未受到太大影响,但国际商业信贷银行在香港的子银行却因为关联贷款的问题而被关闭。这一领域的工作需要国家或地区之间加强监管协调来推进。

尽管在监管上比较便利,但东道国也并不希望子银行这种形式完全取代外资银行分行。首先,许多国家认为在分行模式下由整个银行所有资本金来支持本地存款比较安全,即使自己对其的控制力有限。其次,由于资本基数大,相对应的贷款扩张能力强,外资银行分行在东道国市场的竞争力可能更强。再次,不少小国、发展中国家更倾向于倚仗发达国家(总行所在国)的银行监管能力。

3. 破产清算防范与管理

对外资银行子银行而言,破产清算所涉及的存款人保护问题并不突出。因为外资银行子银行是由美国监管和提供存款保险的,同时作为在美设立的银行,美国的银行监管机构和法院对其破产清算享有管辖权。

总体上,由于20世纪90年代国际商业信贷银行、大和银行等问题的相继暴露,美国加强了对外资银行的监管,特别是在依靠母国监管的基础上强化了其东道国监管措施。近年来,放松管制、市场自律的主张重新出现。同时,改革监管体制、实现集中统一监管的建议也常常被提出。然而,鉴于美国联邦制的传统、现实和观念,美联储主导、多方监管的格局在短时间内难有改观。作为发达国家和成熟市场的代表,美国对外资银行监管的经验值得我国借鉴,但我国在制度设计时必须重视自身发展阶段的特点和需求,一味照搬强调“以我为主”的美国模式并不适合。对于进入或试图进入美国市场的我国商业银行而言,了解并遵守其联邦和州两级的法律规范是成功经营的必要条件。国家层面,严格对银行境外机构监管、加强与美联储等机构协调合作、尽快完善破产清算法例是维护国家利益、保障我国银行权益的重要措施。

四、信用证业务中审单的法律和实践

信用证业务是商业银行办理的一项非常重要的国际业务。简而言之,信用证是银行应国际贸易中买方的要求,向卖方开出的保证买方依约付款的凭证。银行在信用证关系中扮演的角色,不仅限于向卖方提供某种担保,还可能包括为买方完成付款和负责接收审查有关单证等。银行在信用证付款过程中并不介入到买卖双方的关系中去,而是按照信用证本身的规定履行自己的义务,不论该规定的细节是否与相关买卖合同相一致。在上述义务中,查找单证中的“不符点”(discrepancy)并及时对其做出适当反应,无疑成为银行从事信用证工作的一个重点。

(一)案例

某年8月16日,中化公司与伊藤忠公司(原告)签订了一份进口腈纶棉合同,买卖双方约定通过信用证方式结算。8月17日,中化公司作为买方向光大银行(被告)递交了不可撤销信用证的开证申请书。8月19日,伊藤忠公司接到了由光大银行开出的不可撤销的跟单信用证,该信用证要求提交的单据如下:(1) 空白抬头的清洁已装船提单,空白背书、标明运费已付,通知方为申请人;(2) 受益人的证明,证实已在装船后3日内将1/3正本提单直接寄交给开证申请人。另外,该信用证还约定适用国际商会500号出版物《跟单信用证统一惯例》(UCP500)。8月21日,中化公司向光大银行开具一份保函,保证在光大银行付汇前一周内付清上述信用证项下的全部金额。8月24日和9月8日,光大银行依申请人请求分别对信用证进行了两次修改。在9月8日的修改中,光大银行要求将004号提单中的通知方改为中国山东外运公司。

8月26日,伊藤忠公司将中化公司订购的300吨货物先后两次在韩国装载完毕并由船公司出具两份提单,其中一份001号由承运人长锦有限公司在香港的代理“DONGWOO”公司代表承运人签发;另一份004号由长锦有限公司在韩国的代理“DONGSUE”有限公司代表承运人签发。伊藤忠公司在接到光大银行9月8日的改证通知时,韩国方已装船完毕,“DONGSUE”公司已将正本提单寄往香港。承运人在香港的代理“DONG-WOO”公司根据光大银行的改证通知对“DONGSUE”公司代表承运人签发的提单进行修改并在修改处签章。伊藤忠公司按时按约将2/3套正本提单及其他单据交议付行转交光大银行,同时将1/3套正本提单直接寄给了中化公司。9月11日,中化公司凭该1/3提单将货物提走。后中化公司当地的主要责任人涉嫌走私,9月20日该票货物被海关查没。

9月22日,光大银行通知议付行以“单证不符”为由拒绝支付信用证项下的货款。其主张的不符点有:(1)001提单及004提单上对货物的描述比信用证对货物的描述多出了“ACEIAN BRAND”两词(即品牌);(2)001提单上载明的货物体积为568.932立方米,而装箱单上载明的货物体积为568.889立方米;(3)004号提单上“通知方”一栏,根据光大银行9月8日的改证要求,修改为“中国外运山东公司”,而有关修改旁加盖的校正章为“DONGWOO SHIPING CO.”,而该提单的签发人为“DONGSUE SHIPING CO. LTD.”。光大银行在接到提单后7日内将上述不符点通知了伊藤忠公司的议付行美洲银行。伊藤忠公司多次向光大银行索款未果,遂向法院起诉。

山东省青岛市中级人民法院经审理认为:伊藤忠公司接受了光大银行开出的、将1/3提单直接寄交开证申请人的信用证,其后又接受了二次改证,就应全面遵守该信用证约定,并承担信用证项下的义务。受益人接受该种信用证说明受益人从一开始即放弃了对货物的控制权,由此造成的商业风险由受益人承担。开证银行在7日内向议付行提出“单证不符”的异议,符合法定期限。受益人提交的单据中,提单对货物的描述比信用证对货物的描述多了“ACELAN BRAND”两词,即多出一个“品牌”,该状况不属于UCP500号第15条中的“附加条件”,该描述构成单证不符;在

001 号提单上载明的货物体积为 568.933 立方米，而装箱单上的体积为 568.889 立方米，此构成单单不符，也构成单证不符。虽然信用证对体积没有规定，但体积出现在提单、装箱单上，不属于 UCP500 号第 13 条 a 款“信用证未规定的单据银行不审核”规定的内容。004 号提单“通知方”一栏中有涂改，涂改人 DONGWOO 公司应同时提交有权修改提单的证据，对这种明显有瑕疵的提单，银行有权进行审核，尽其谨慎审核义务。因此，光大银行所提三处不符点均成立。原告的行为违反了 UCP500 号的有关规定，其诉讼理由不充分，不予支持。在以上分析的基础上，法院根据《中华人民共和国涉外经济合同法》第五条（当时有效适用，作者注）、《跟单信用证统一惯例》500 号第 13 条、第 14 条的规定，判决：驳回原告伊藤忠公司的诉讼请求；案件受理费人民币 30010 元全部由其承担。

（二）单证相符、单单相符

不难看出，银行在办理上述信用证业务时确实做到了细致认真，所找出的三项不符点全都获得了法院的支持，从而保证其在诉讼中居于主动地位。《跟单信用证统一惯例》500 号第 15 条规定了银行“对单据有效性的免责”，具体说，“银行对于任何单据的形式、完整性、准确性、真伪性或法律效力，或对于单据上规定的或附加的一般性及/或特殊性条件，概不负责；银行对于任何单据中有关的货物描述、数量、重量、质量、状况、包装、交货、价值或存在与否，对于货物的发货人、承运人、运输行、收货人或保险人或其他任何人的诚信、行为及/或疏忽、清偿能力、执行能力或信誉也概不负责”。因此，审核单据的表面一致性，成为银行是否承担责任的关键。

《跟单信用证统一惯例》500 号第 13 条原则性地规定了“审核单据的标准”，即“a. 银行必须合理小心地审核信用证上规定的一切单据，以便确定这些单据表面是否与信用证条款相符合。本惯例所体现的国际标准银行实务是确定信用证所规定的单据表面与信用证条款相符的依据。单据之间表面不一致,即视为表面与信用证条款不符。信用证上没有规定的单据,银行不予审核。如果银行收到此类单据,应退还交单人或将其照转,但对此不承担责任。b. 开证行、保兑行(如有),或代其行事的指定银行,应有各自合理的审单时间——不得超过从其收到单据的翌日起算七个银行工作日,以便决定是接受或拒绝接受单据,并相应地通知寄单方。c. 如信用证含有某些条件而未列明需提交与之相符的单据者,银行将认为未列明此条件,对此不予理会”。

由此可见,确保“单证相符、单单相符”,是银行审核工作中的首要任务。那么,究竟哪些情形可能被认为构成“不符点”呢? 下面的真实案例可以为我们提供一些思路。例一(英国判例),信用证上要求的是一份“提货单”(Delivery order),用以结汇的却是一份“提单”(B/L),法院判定单证有严重不符点。例二(英国判例),信用证要求单证文件上有“专家(们)”(Experts,注意这里使用了复数形式)签字,法院认为这意味着必须有两位以上的专家签字,因此该案中仅有一位专家签字的证明构成单证不符。例三(美国判例),信用证要求两份单证文件:发票和货物重量证明,结汇的却只是一份发票,但其中附有关于重量的证明。多数观点认为这种情况构成了不符点,因其会影响到买方另开信用证进行转卖。例四(中国案例),信用证上标明了货物的正式名称,但提单却使用了缩写。法院认为,尽管在专业人士看来两种称呼所指的是同一种商品货物,但不能要求处理单证的银行熟悉每一个其他行业,因此判定存在不符点。例五(英国判例),单证之一的发票标明货物汽车处于“新的状况”(in new condition),而其余两份单证仅用了“新”(new)字,法院认为构成单单不符,因为前面一种提法也可以指向“二手车”。

(三)“严格相符”,还是“大致相符”

《跟单信用证统一惯例》500 号第 14 条“有不符点的单据与通知事宜”b 款规定,“开证行及/或保兑行(如有),或代其行事的指定银行,收到单据后,必须仅以单据为依据,确定这些单据是否表面与信用证条款相符。如与信用证条款不符,上述银行可以拒绝接单”。据统计,约有50%的信用证受益人在第一次结汇时会因不符点而被拒付。显然,符合与不符之间,需要一定的判断标准。遗憾的是,前述《跟单信用证统一惯例》500号第13条给出的标准是相当模糊的。首先,所谓的“国际标准银行实务”事实上并不统一。其次,这样似是而非的提法还被加上了一个限定——“本惯例所体现的”,很大程度上排除了超越UCP500寻求证据加以解释的可能,使得该问题更加令人难以琢磨。不过话说回来,国际商会采用如此的“太极”手法也属情有可原,毕竟短时间内建立一套足够明确、具体、可操作的规范,使远离国际贸易实务的银行职员得以按图索骥,本身就是一项不能完成的任务。

同样,长期以来理论界也存在着“严格相符”(strict compliance)与“大致相符”(substantial compliance)的争论。不少学者从充分发挥信用证的效用出发,主张“大致相符”原则。因为信用证的功能主要就是为卖方提供保障,使其安心地发运货物;倘允许开证银行(有时甚至是其背后的买方)任意以细小差别为借口处处留难,必将导致纠纷频仍,加大信用证使用的成本,助长商业败德行为。事实上,也有少部分美国法院的判例采取了这样的立场。然而,总的来说,目前银行在审单时坚持“严格相符”还是比较稳妥的,因为无论是美国的主流做法,还是英国(新加坡、香港)的实践,都较集中地体现了这一精神。

“严格相符”一方面可能增加了银行的工作量,但从某种意义上讲,也为其提供了回旋的空间。实践中,在遇到疑为存在欺诈的情形时,不少银行都巧妙地用“技术操作”代替“实质判断”,在单证中找出不符点,并以此为由与对方周旋。结果或是彼此消除疑虑,或是使对方显形出局,成功地避免了可能的损失。毕竟要在有时多达上千页的单据中挑出几处毛病,并不是太难的事。反过来讲,丝丝入扣、滴水不漏的单证反而应引起银行的警惕,因为其恰恰更有可能是诈骗分子一人包办的精心之作。

辩证法告诉我们,原则之余往往存在着例外,这一问题上同样如此。比如在数量方面,《跟单信用证统一惯例》500 号第 39 条 b 款就规定,“除非信用证规定货物的指定数量不得有增减外(例如,信用证标明货量最多为 10 万吨,笔者注),在所支付的款项不超过信用证金额的条件下,货物数量准许有 5% 的增减幅度”。再比如纯粹属于文字、语法上的错误,普通人一看就可以合理知悉是拼错的,如字母“i”漏掉一点的,一般就不认为是不符点。因为“银行不应刻意去挑文书、文法上的错误,否则其检查单证的工作就变成‘校对’性质了”。

（四）启示

银行通过审核发现不符点后,应注意以下两个问题。其一,严格遵守《跟单信用证统一惯例》500 号关于 7 个银行工作日(第 13 条 b 款)的审单期限,并按要求进行通知。第 14 条 d(Ⅰ)款规定,“如开证行及/或保兑行(如有),或代其行事的指定银行,决定拒绝接受单据,它必须不延误地以电讯方式通知有关方;如不可能用电讯方式通知时,则以其他快捷方式通知此事,但不得迟于收到单据的翌日起算第七个银行工作日。该通知应发给寄单银行,或者,如直接从受益人处收到单据者,则应通知受益人”。而且需要特别指出是,第 14 条 c 款规定,“如开证行已确定单据表面与信用证条款不符,它可以自行确定联系申请人请其对不符点予以接受,但是不能借此延长第 13 条 b 款规定的期限”。其二,发出通知时应将不符点一并提出。因为第 14 条 d(Ⅱ)款要求,“该通知必须说明银行凭以拒绝接受单据的全部不符点,并说明单据已由本行代为保管听候处理,或将退还给交单人”。可以说,前文案例中的银行在这些方面做得都相当得体。

作为信用证的受益人,则更应以该案例中原告(卖方)的教训为戒。结汇之前竟先将一套正本提单寄交给了买方,简直称得上外行的“自杀”行为。如果说是买卖双方彼此非常信任,肯先行放货后结算,又何苦费信用证的周折,白白增加成本呢?此外,卖方还可以通过以下手段限制风险暴露。首先,在与买方的谈判中,坚持信用证要求的单证尽量简单,并争取是卖方自己可以控制的单证。其次,在货价下跌时,早付运、早结汇,防止迟而生变,起码有利于在出现不符点时及时修改。

最后值得一提的是,针对日益增多的不符点纠纷,国际商会于1997年10月公布了一套由其管理的方案——跟单信用证争端专家裁定(Documentary Credit Dispute Expertise, Docdex),希望以此提供一种效率高、成本低的争议解决办法。如果其被证明是成功的,则《跟单信用证统一惯例》后续修改时则可能增加强制性仲裁条款。国际商会的这一努力能否给信用证不符点审查问题,带来更大的明确性和可操作性,值得继续关注。总之,对于意图迈向国际化的商业银行来说,充分了解掌握国际惯例并严格按照其操作执行,是非常重要的。

第七章　不良资产处置

银行、金融资产管理公司资产处置中的法律问题[①]

银行业的改革和创新牵涉到大量不良资产的剥离和处置。组建专门机构处理国有商业银行不良资产是我国金融业改革的重要组成部分。1999年3月5日，时任国务院总理朱镕基在九届人大二次会议上所作的政府工作报告中提出，要"逐步建立金融资产管理公司，负责处理银行原有的不良资产"。1999年4月，国务院批准组建我国第一家金融资产管理公司——中国信达资产管理公司。随后，华融、长城、东方三家金融资产管理公司相继成立。2000年11月1日，国务院颁布《金融资产管理公司条例》，对其性质、职能、业务范围等作出规定，以行政法规的形式确立了这一金融改革新生事物的法律地位。金融资产管理公司五年多来的不良资产处置，取得了相当的成绩，但在实践中也面临不少法律障碍和司法困境。与此类似，银行自身在冲销坏账、处置资产的过程中，也遇到一些法律问题，有必要引起关注和讨论。本章针对上述现象以及法律问题进行初步的归纳研究，并在此基础上提出一些改进设想和建议。

一、银行在不良资产处置、债务重组中面临的法律障碍

（一）现行法律、法规、规章限制银行作为债权人参与债务重组

1. 债务调整

《贷款通则》第16条（1996年6月）规定，"除国务院规定外，任何单

---

① 本文也是世界银行、财政部:《处理银行不良资产过程中所遇法律障碍等相关问题研究》课题的部分成果，项目主持人为中和应泰管理顾问有限公司许美征研究员。

位和个人无权决定停息、减息、缓息和免息”。在设计债务重组时，

(1) 银行能否决定人民币贷款的利率，目前没有明确规定。

(2) 银行能否依债务人要求将外汇贷款转为人民币贷款以避免汇率风险，目前尚不明确。

(3) 银行给予贷款展期、利率优惠面临法律障碍。《贷款通则》第12条对贷款展期的期限和利率有严格限制：“短期贷款展期期限累计不得超过原贷款期限；中期贷款展期期限累计不得超过原贷款期限的一半；长期贷款展期期限累计不得超过3年”；“贷款的展期期限加上原期限达到新的利率期限档次时，从展期之日起，贷款利息按新的期限档次计收利息”。上述限制难以满足债务重组对延长贷款期限的实际需要。

通过调整本金实施减债面临的障碍更多，实践中往往只能接受实物资产抵债，引发银行处置上的困难(例如，对在建工程无法投入必要后续资金；再比如，委托他人经营的代开发票、租赁收入已纳税部分的调整退税等问题)，以及银监会、审计署检查时对资产评估、处置时价格的质疑。

中国人民银行、中国银行业监督管理委员会正在修订《贷款通则》，其征求意见稿第15条规定：“贷款豁免以及停息、减息、缓息和免息，贷款人应按照有关规定执行”。第12条规定：“借款人申请贷款展期，应当在贷款到期日前提出，经贷款人同意，可以展期。贷款人办理展期须审查贷款所需的资产转换周期的变化原因和实际需要，并坚持审慎管理原则，合理确定贷款展期期限”。拟议中的这些变化将有利于银行实施债务重组。

2. 债转券

重组企业将银行债权转化为普通债券或可转换债券的方案，难以实现。因为我国对债券发行实行严格的核准制度，修订后《证券法》的第二章对公司发行债券有具体的条件限制，事实上要取得国务院授权部门的核准更为不易。

3. 债转股

重组时，银行在境内难以实施债转股。因为分业经营的基与原则仍

然存在,例外规定尚不明确。

4. 不良资产证券化

除开特殊目的公司(SPV)以及信托在我国面临的共性问题,《商业银行法》有关规定进一步限制了银行对其不良资产实施证券化。《商业银行法》第43条规定,商业银行在中华人民共和国境内不得从事信托投资和股票业务,不得投资于非自用不动产。商业银行在中华人民共和国境内不得向非银行金融机构和企业投资。国家另有规定除外。在国家出台明确例外规则之前,商业银行难以通过对外投资组建专门化的资产管理处置公司实施证券化,处置不良债权。

5. 处置时限

《商业银行法》第42条第2款规定,商业银行因行使抵押权、质权而取得的不动产或者股权,应当自取得之日起2年内予以处分。该规定导致银行处置活动面临很大局限,影响处置收益。

(二)部分地方司法机关不正确地理解和适用法律,严重影响银行不良资产处置效率和回收比率

该状况突出体现为一些地方法院"裁定"银行债权抵押"无效"。

1. 裁定破产企业划拨土地抵押无效

《中华人民共和国城市房地产管理法》第47条规定:"依法取得的房屋所有权连同该房屋占有范围内的土地使用权,可以设定抵押权";第50条规定:"设定房地产抵押权的土地使用权是以划拨方式取得的,依法拍卖该房地产后,应从拍卖所得的价款中缴纳相当于应缴纳的土地使用权出让金的款额后,抵押权人方可优先受偿"。然而,部分地方法院不把缴纳出让金视为抵押权人优先受偿的必要条件,而将其作为抵押有效的前提条件,以"设置抵押时划拨土地未缴纳出让金"为由,一概否定抵押效力。

2. 裁定"未经政府批准的企业关键设备"抵押无效

最高人民法院《关于当前人民法院审理企业破产案件应当注意的几

个问题的通知》(法发1997年2号)中规定,“对国有企业以已确认为关键设备、成套设备或重要建筑物设立抵押而未经政府主管部门批准的,认定抵押合同无效”。于是一些地方法院在案件审理时,不管企业资产是否属于关键设备,抵押是否已经过政府有关部门批准,一概认定抵押无效。

最高人民法院民事审判二庭在2001年5月25日对宁夏回族自治区高级人民法院请示所作的答复中(法民二2001年39号),表示“最高人民法院法发1997年2号通知,适用于国家计划内的企业法人破产案件,不适用于一般企业法人破产案件”。然而,一些地方法院无视这一区别,将该对计划内企业破产的规定套用于一般企业法人破产案件,认定抵押无效。

3. 将合法有效的抵押认定为“把企业大部分资产抵押给一个债权人”,从而裁定抵押无效

最高人民法院《关于当前人民法院审理企业破产案件应当注意的几个问题的通知》(法发1997年2号)第7条规定,“在有多个债权人的情况下,债务企业与个别债权人恶意串通将其大部分财产抵押给一个债权人,从而丧失履行其他债务能力的,应认定抵押合同无效”。然而,一些地方法院无视该规定中“有多个债权人”、“恶意串通”等限制条件,笼统地认定抵押无效。按照最高人民法院《关于审理企业破产案件若干问题的规定》(法释[2002]23号)的要求,上述法院错误行为应予停止,但实践中仍未完全杜绝。

(三)向境外转让债权以及随之演化出的对外担保,产生出外债管理上的问题

我国现行外债管理制度对“外债”的定义为:境内机关、团体、企业(包括外商投资企业)、事业单位、金融机构向境外的国际金融组织、外国政府、金融机构、企业或者其他机构用外国货币承担的具有契约性偿还义务的全部债务。外债类型主要包括:国际金融组织贷款、外国政府贷款、外国银行和金融机构贷款、买方信贷、外国企业贷款、发行外币债券、国际

融资租赁、延期付款、补偿贸易中直接以现金偿还的债务以及其他形式的外债。不难看出，主要针对借用国外贷款、境外发行债券的现行外债管理规定，未必能适应处置不良资产中“内债转外债”的实际需要。

(1) 现行外债登记制度要求债务人、担保人负责向主管部门进行登记。然而不良资产处置涉及的债务人人数众多，并且许多债务人名存实亡，很难协调债务人、担保人主动进行外债登记。在这种情况下，有必要研究修改有关规定，允许转让人统一进行外债登记，并开立外汇专户，负责外汇登记、汇出等。

(2) 境外机构成为新的债权人后，其通过自行或委托他人处置资产回收人民币的，能否及时购汇并保证汇出，应有明确保障。

《境内机构对外担保管理办法》第 13 条第 2 款规定，担保人提供对外担保后，债权人与被担保人如果需要修改所担保的合同，必须取得担保人的同意，并由担保人报外汇局审批，未经担保人同意和外汇局批准的，担保人的担保义务自行解除。该规定对于“内债转外债”时境外受让债权人的保护有相当影响。

2004 年 12 月 17 日，国家外汇管理局发布《关于金融资产管理公司利用外资处置不良资产有关外汇管理问题的通知》(2005 年 1 月 1 日起施行)，规范金融资产管理公司利用外资处置不良资产的外汇管理，部分地解决了上述问题。通知第 9 条指出：“境内其他金融机构经有关主管部门批准利用外资处置不良资产的，参照本通知执行。”通知其他主要规定如下：

一、金融资产管理公司对外出售或转让不良资产，交易方案经主管部门批准后，应在批准之日起 15 个工作日内就外汇收支及汇兑问题报国家外汇管理局批准，并提交下列文件：(一) 资产出售或转让中有关外汇收支及汇兑问题的申请报告；(二) 主管部门对对外出售或转让不良资产交易方案的批准或登记文件；(三) 资产出售或转让合同的相关条款；(四) 如资产管理公司提供资产管理与服务，需提供相关的资产管理与服务协议。

二、购买或受让金融资产管理公司不良资产的外国投资者或其代理人,应在交易完成后的15个工作日内到资产所在地外汇分局或国家外汇管理局指定的分局办理不良资产出售或转让备案登记手续,并提交以下文件:(一)国家外汇管理局对出售或转让有关资产项目的批准文件;(二)已填写的对外处置不良资产备案登记表;(三)被出售或转让资产的清单(内容尽量详细,应包括资产类型、资产面值、债务人、债务期限、利率等基本信息);(四)代理人申请的,还需提供相关的代理协议、代理人的营业执照和业务许可证。

三、外国投资者或其境内代理人可(购汇)汇出不良资产再出售、再转让的收益或经营的收益。(购汇)汇出收益,应到资产所在地外汇分局或国家外汇管理局指定的分局办理核准手续,并提供已填写的对外处置不良资产外方收益汇出申请表、对外处置不良资产备案登记表、处置项目清单和收益证明文件。按照我国有关税收法规需纳税的,应提供相关的完税凭证或者证明。

四、办理出售或转让的资产备案时,备案资产有下列情形之一的,接受股权投资企业应当遵守国家相关法律法规,并按有关外汇管理规定办理股权验资询证手续:(一)备案资产中含有股权;(二)备案的债权转为债务人企业的股权;(三)备案的实物资产在境内作价出资;(四)外国投资者将境内处置不良资产的收益用于境内再投资。

五、金融资产管理公司以其拥有的不良资产作价出资组建外商投资企业的,应遵守外商投资企业外汇管理的有关规定,到外商投资企业注册地外汇分局办理相关手续。

六、利用外资处置的不良资产中含有第三方担保的,金融资产管理公司应通知原债权债务合同的担保人。外国投资者或其代理人在办理不良资产转让备案登记时,应在资产备案登记中注明担保的具体情况；国家外汇管理局及其分局对损害社会公共利益或违反法律法规规定的担保，不予登记。金融资产管理公司利用外资处置资产后，除原有担保外，债务人或第三人不得为所出售或转让的债权提供其他担保。

七、因回购、出售(让)、清收、转股或其他原因导致外国投资者对备案资产的所有权灭失时，外国投资者或其代理人应在所有权灭失后15个工作日内到备案地外汇分局办理债权、实物资产或股权备案的注销手续。

八、金融资产管理公司向我国香港、澳门和台湾地区的机构或个人出售、转让不良资产的，以及向具有外国国籍的自然人转让的，参照本通知执行。

(四) 现行《刑法》"贷款诈骗罪"规定有缺憾，不利于对新不良资产生成的遏止

我国现行《刑法》第193条规定："有下列情形之一，以非法占有为目的，诈骗银行或者其他金融机构的贷款，数额较大的，处五年以下有期徒刑或者拘役，并处二万元以上二十万元以下罚金；数额巨大或者有其他严重情节的，处五年以上十年以下有期徒刑，并处五万元以上五十万元以下罚金；数额特别巨大或者有其他特别严重情节的，处十年以上有期徒刑或者无期徒刑，并处五万元以上五十万元以下罚金或者没收财产：(1) 编造引进资金、项目等虚假理由的；(2) 使用虚假的经济合同的；(3) 使用虚假的证明文件的；(4) 使用虚假的产权证明作担保或者超出抵押物价值重复担保的；(5) 以其他方法诈骗贷款的。"

实践表明这一规定存在不足。首先，犯罪主体方面，该条仅规定了个人贷款诈骗的情形，没有规定单位犯罪，实际上对惩处贷款诈骗犯罪人为设置了障碍。因为很少贷款诈骗活动是以个人名义实施的，相反大多有单位的参与或者就是单位进行的。对于这一漏洞，学界和司法部门反映较多，据悉中国人民银行、银监会、公安部、监察部、审计署等部门业已达成共识，建议全国人大常委会在修法时对本条增加有关单位犯罪的规定，实行双罚制，即补充规定“单位犯前款罪的，对单位处以罚金，并对其直接负责的主管人员和其他直接责任人员，依照前款的规定处罚”。

其次，该条将“以非法占有为目的”作为罪行的主观要件。事实上，除非行为人有将贷款予以挥霍、进行犯罪活动等情节，会被认定为“以非法占有为目的”，如果仅是另外进行经营活动，是否能认定为“以非法占有为目的”存在争议。司法实践中，2000年9月湖南长沙会议形成的《全国法院审理金融犯罪案件工作座谈会纪要》指出：认定是否具有非法占有目的，应当坚持主客观相一致的原则，既要避免单纯根据损失结果客观归罪，也不能仅凭被告人自己的供述，而应当根据案件具体情况具体分析。对于行为人通过诈骗的方法非法获取资金，造成数额较大资金不能归还，并具有下列情形之一的，可以认定为具有非法占有的目的：(1) 明知没有归还能力而大量骗取资金的；(2) 非法获取资金后逃跑的；(3) 肆意挥霍骗取资金的；(4) 使用骗取的资金进行违法犯罪活动的；(5) 抽逃、转移资金、隐匿财产，以逃避返还资金的；(6) 隐匿、销毁账目，或者搞假破产、假倒闭，以逃避返还资金的；(7) 其他非法占有资金，拒不返还的行为。但是在处理具体案件的时候，对于有证据证明行为人不具有非法占有目的的，不能单纯以财产不能归还就按金融诈骗罪来处罚。

上述《纪要》的规定对于在客观事实与主观目的之间建立联系具有一定帮助，即其创设了通过客观事实推知主观心理的推定规范，肯定了“变或然性为必然性、变不确定为确定、变直接证明为间接证明”的证明方法。但是正如有学者所指出的那样，现行《刑法》中没有针对“非法占有目的”创设法律推定，也没有授予司法机关进行法律推定的权力，因此严格说来最高院上述实践的适当性值得推敲。因此有建议在全国人大常委会修法时，将最高院关于“以非法占有为目的”的这七种具体情形写入刑法。

另一种改革思路是增加“骗用贷款罪”，其不以“非法占有目的”为构成要件，只要行为人在向银行或其他金融机构申请贷款时做了虚假陈述即构成犯罪,而不要求一定要有非法占有作为目的。德国、美国、法国等国家和地区的立法就将那些危害严重但不具有非法占有目的的金融诈骗活动纳入刑法的调整范围,即对贷款犯罪采用行为犯的模式,并不以危害结果的发生为必要条件,规制的重心在于“陈述的虚假性”,而不是非法占有贷款。例如,美国法典第18编第1014节“虚假的贷款和信用申请罪”规定,禁止在向经联邦保险的银行提交贷款或信用申请时,明知地制作虚假的贷款与信用申请,或者故意过高地对财产进行估值;第1344节“银行诈骗罪”将为了诈骗银行而为的虚假或欺诈性陈述、承诺等行为都认定为犯罪。比较之下,我国现行的“贷款诈骗罪”规定沿袭了诈骗犯罪“非法占有目的”和结果犯的要求,继续贯彻了诈骗罪重在保护所有权的观念,忽视了这类罪行作为经济犯罪的本质属性,没有体现出法律对超个人利益、金融管理秩序的保护,也没有体现出法律对银行信用的保护。

因此中国银监会等部门以及不少学者建议在我国《刑法》“破坏金融管理秩序罪”中增加一个条款,拟表述为“以虚构事实或隐瞒真相的方法向银行或者其他金融机构申请贷款,造成巨大损失的,处五年以下有期徒刑或者拘役,并处一万元以上十万元以下罚金;造成特别重大损失的,处五年以上有期徒刑,并处两万元以上二十万元以下罚金。单位犯前款罪的,对单位处以罚金,并对其直接负责的主管人员和其他直接责任人员,依照前款的规定处罚”。

除了上述行为,还有意见指出:那些在贷款过程中没有非法占有目的,也没有采用欺骗手段,但在获得贷款后,采用假破产、假倒闭、“股份制改造”等欺骗手法,逃避返还贷款,以达到非法占有贷款目的的行为,也具有突出的社会危害性,应当予以刑罚惩治。银行业普遍希望通过对《刑法》“贷款诈骗罪”及其他罪名的修订完善,加大对违法犯罪活动的打击力度,运用刑法武器抑制骗贷活动以及新不良资产生成。

二、金融资产管理公司资产处置中面临的法律和现实困难

设立金融资产管理公司是我国降低银行金融风险、推动国企改革的重大政策性举措。因此《金融资产管理公司条例》(2000 年,以下简称“条例”)、最高人民法院《关于审理涉及金融资产管理公司收购、管理、处置国有银行不良贷款形成的资产的案件适用法律若干问题的规定》(法释 2001 年 12 号,以下称为“司法解释”)、最高人民法院《关于贯彻执行最高人民法院“十二条”司法解释有关问题的函的答复》(法函 2002 年 3 号)、最高人民法院《关于金融资产管理公司收购、处置银行不良贷款有关问题的补充通知》(法 2005 年 62 号,以下简称“补充通知”)、最高人民法院《关于国有金融资产管理公司处置国有商业银行不良资产案件交纳诉讼费用的通知》(法 2001 年 156 号)、原国家计委《关于规范金融资产管理公司收购和处置不良资产过程中中介服务收费有关问题的通知》(计价格 2001 年 391 号,以下称为“收费通知”)、财政部《金融资产管理公司资产处置管理办法(修订)》(财金 2004 年 41 号、财政部和原国家计委《关于对金融资产管理公司收购和处置不良资产免收部分行政事业性收费的通知》(财综 2001 年 7 号)、原外经贸部、财政部和中国人民银行《金融资产管理公司吸收外资参与资产重组与处置的暂行规定》(对外贸易经济合作部、财政部、中国人民银行 2001 年 6 号)等就金融资产管理公司受让及处置国有银行债权中的许多相关问题特别做出了例外规定。然而,这些特别规定并不全面,而且当金融资产管理公司向第三方转让、进行资产处置时,特别规定往往无法适用。实践中,部分法院更不予配合甚至蓄意枉判。下列法律障碍曾经或依然存在并且相当突出:

(一) 债权转让

(1)《合同法》实施之前成立的债权发生转让,根据最高人民法院《关

于适用〈中华人民共和国合同法〉若干问题的解释(一)》以及《民法通则》第91条,须经过债务人同意,并不得牟利。《合同法》实施之前成立、并已经由人民法院判决,在《合同法》实施后转让的,应适用《合同法》还是《民法通则》,即以通知债务人还是取得债务人同意作为生效要件,法律没有明文规定。

(2) 诉讼中的债权发生转让,法院往往拒绝根据债权受让人的申请变更诉讼主体,而要求其重新起诉。结果不仅是延长诉讼时间,增加诉讼和律师费用,更可能造成财产保全因原诉讼终结而解除,导致被保全财产被转移,受让人债权落空。

(3) 生效判决中的债权发生转让,法院往往拒绝接受债权受让人的执行申请,而且在判决中履行期限最后一日起6个月内(双方当事人为法人的情形下)不申请执行的,该债权失去强制执行效力。缺少强制执行力的保护,严重制约此类债权的流通性。

(4) 撤销权的行使要求严格,难以操作。《合同法》第75条规定,当债务人放弃到期债权、无偿转让财产或以明显不合理的低价转让财产时,债权人自知道或应当知道撤销事由之日起1年内可以行使撤销权。但实践中部分法院简单地将财产变动时间认定为债权人应当知道撤销理由的时间,由于债务人逃废债务的行为大多隐蔽,金融资产管理公司很难在行为发生一年内获知其发生。上述法院不能正确理解适用《合同法》第75条规定,也不支持在损害后果发生起计算撤销权行使时间,使得作为债权人的金融资产管理公司难以切实行使撤销权,处于非常不利的境地。

(5)《担保法》规定,最高额抵押所担保的债权不得转让。"司法解释"第8条规定:"人民法院对最高额抵押所担保的不特定债权特定后,原债权银行转让主债权的,可以认定转让债权的行为有效",但此规定有时得不到落实。

(二) 担保权确认、流转与实现

(1)《担保法》规定,因债权转让而导致的抵押权人和抵押合同变更,需要办理抵押变更登记。抵押人往往拒绝协助办理变更登记,以便摆脱抵押责任。“司法解释”特别规定,金融资产管理公司受让国有银行享有抵押的债权,原抵押登记仍然有效。但是,第三方自金融资产管理公司受让有抵押权的债权,能否适用司法解释存在疑问,至少在2005年最高人民法院“补充通知”下发前如此。

(2) 在相关破产案件中,部分法院迟迟不下达破产终结裁定,有的长达五六年之久,使金融资产管理公司无法行使债权人在债务人破产裁定后6个月内追究保证人的权利。结果往往是破产裁定下达时,保证人也破产了,致使债权无法得到清偿。

(三) 股权接受与转让

(1) 金融资产管理公司所持有的股份多为国有法人股,目前仍属于非流通股。国务院《减持国有股筹集社会保障资金管理暂行办法》(2001年6月12日)规定,国家拥有股份的股份有限公司对公众发行股份,按融资额的10%向公众出售国有股,但转让收益上缴全国社会保障基金;协议转让时国有股权发生减持变化的,国有股东授权代表单位应按转让收入的一定比例上缴全国社会保障基金。以上规定并未根本解决金融资产管理公司所持股份的流通性问题,却在一定程度上减弱了金融资产管理公司利用资本市场以及通过协议转让所持股份的积极性。

(2) 公司回购金融资产管理公司所持股份受到《公司法》有关规定的制约(以减少公司资本或与持有本公司股票的其他公司合并为目的,必须在回购股份之后10天或6个月内将其注销或转让)。减少资本决议需要公司股东大会依照《公司法》或章程规定比例通过;同时根据同股同权的原则,公司单独回购金融资产管理公司所持股份,需要取得其他股东的同意。对于上市的股份有限公司,要获得其他股东放弃回购权的意思表示,非常困难。

(3) “司法解释”规定,金融资产管理公司的办事处作为非法人机构,不能直接接受股权过户，实际上增加了处置成本。

(四) 债转股

(1)《公司法》修订前规定的出资形式制约债转股的实施。“条例”规定，金融资产管理公司可以将收购国有银行不良贷款取得的债权转为对贷款企业的股权。债转股通常采取两种方式：一是债务人扩股增资，金融资产管理公司以债权换取股权；二是债务人以其经营性资产，金融资产管理公司以其所持债权出资，设立新的有限责任公司。不管采取何种方式，都涉及以债权出资的问题，这与修订前《公司法》关于出资方式的规定是不无龃龉的。修订前《公司法》仅规定，有限责任公司股东、股份有限公司发起人可以用货币、实物、工业产权、非专利技术或土地使用权出资；而且，非货币出资必须评估作价。

(2) 股权管理政策规定不明确。根据《企业国有资产监督管理暂行条例》(国务院令第378号)第2条第2款规定，金融机构中的国有资产的监督管理，不适用该条例。但是，对于金融资产管理公司及其所持有股权的债转股企业是否适用《国务院办公厅转发国务院国有资产监督管理委员会关于规范国有企业改制工作意见的通知》及《国有企业清产核资办法》等规定，则尚不明确，在一定程度上影响了金融资产管理公司的股权管理工作。

(3) 股权处置目标不清晰，管理考核办法缺失。债转股股权的处置目标是追求“总体处置回收最大化”还是“一定的处置期限和速度”，即金融资产管理公司是“中长期持有，择机处置”还是“全面铺开处置”，政策不明确。财政部下达的目标考核责任制只明确了对资产管理公司债权资产处置的考核目标和方式，但对债转股资产尚无具体的管理考核办法。

(4) 对债权人利益产生不同的影响。债转股政策使银行贷款转为金融资产管理公司的股权，但没有转股的债权人仍可以对转股企业提起偿债诉讼，客观上使其本难以实现的债权得以实现或升值。

（五）债务重组

（1）债务人公司通过调整股权结构参与重组面临较大困难。因为法律对于股份有限公司发行新股的条件、公司回购自身股票的目的和程序都有较严格的规定，致使债务人难以运用自身股权置换金融资产管理公司或其他人所持的债权。

（2）修订前《公司法》缺乏公司兼并重组、重大变动时异议股东股份回购请求权的规定，更没有规定价格的确定方法，造成整个重组方案容易被少数异议股东所阻挠。

（3）重组参与方难以通过非交易所交易的方式取得上市公司的流通股。修订前《证券法》规定，证券在交易所挂牌交易，应当采用公开的集中竞价交易方式。上海证券交易所《业务规则》规定，未经交易所的交易市场成交的股份，除了因继承、赠与或财产分割等原因发生转让的情形下可依公证文书过户外，交易所均不办理过户手续。

（4）债务重组时必需的资金注入欠缺渠道。贷款利率上限的取消有利于改善这种状况，但仍须考虑进一步的制度配合。

（六）实物资产处置

1. 土地、房屋的有关法规限制了金融资产管理公司转让其持有的房产。《城市房地产管理法》规定，以出让方式取得土地使用权的，转让房产时，应符合下列条件：（1）按照出让合同约定已经支付全部土地使用出让金，并取得土地使用权证书；（2）按照出让合同约定进行投资开发，属于房屋建设工程的，完成开发投资总额的25%以上；属于成片开发土地的，形成工业用地或者其他建设用地条件。转让房地产时房屋已经建成的，还应当持有房屋所有权证书。不符合上述条件的房地产禁止流通。《城镇国有土地使用权出让和转让暂行条例》第19条规定，未按土地使用权出让合同规定的期限和条件投资开发、利用土地的土地使用权禁止流通。

2．金融资产管理公司从债务人、第三方从金融资产管理公司受让的房地产使用权，面临可能被政府强制收回的风险。《城市房地产管理法》第25条规定，以出让方式取得土地使用权进行房地产开发，满两年未动工的，土地管理部门可以无偿收回土地使用权，但因不可抗力或者政府、政府有关部门的行动或者动工开发必需的前期工作造成动工开发迟延的除外。一些地方如海南省还出台核发换地权益书政策，并要求停缓建工程必须在限定时间内进行处置，否则无偿收回或代为处置。

3．部分地方性法规限制金融资产管理公司及其受让人实现房地产许可文件的经济价值。例如，广东省《实施〈中华人民共和国土地管理法〉办法》禁止规划许可权证的转让，禁止以规划许可文件作为合作条件与他人合资开发房地产。于是，已沉淀在红线图、建设用地许可证、规划用地许可证等上的大量资金无法盘活。

（七）设立合资投资基金处置

《金融资产管理公司吸收外资参与资产重组与处置的暂行规定》（外经贸部、财政部、中国人民银行2001年10月第6号令）规定，“资产管理公司可以通过吸收外资对其所拥有的资产进行重组与处置”，资产重组的范围包括“资产管理公司拥有的企业债权”。但是该规定比较笼统，缺乏详细的实施细则，比如管理机构、报批程序、审批标准和时间等没有明确规定。此外：

（1）以债权作为出资形式，与外商设立合资资产管理公司或合资投资基金，存在《公司法》以及外商投资企业立法上的障碍。

（2）以债权投资于合资资产管理公司或合资投资基金的，是否及如何适用《合同法》第5章关于债务转让的问题，如通知债务人和担保人，有待司法解释予以明确。

（3）合资资产管理公司的法律性质，即是否属于金融机构，存在不同看法，可能涉及《外资金融机构管理条例》、《金融资产管理公司条例》等的调整。

(4)“暂行规定”第7条规定,资产管理公司重组与处置资产时,应与企业其他投资者协商。在同等条件下,其他投资者有优先购买权。值得注意的是,我国《公司法》也只在有限责任公司股东转让股权时,规定了其他股东在同等条件下的优先购买权。因此第7条规定实际上起到了限制金融资产管理公司向外出售资产的效果。

(八)处置程序

(1)《国有资产评估管理办法》及其实施细则规定,国有资产转让,必须经过评估;转让价格必须以评估的价值作参照。然而,国有资产评估程序相当复杂,耗时很长。首先须向国有资产管理部门申请评估立项,经批准后,聘请国有资产评估机构进行评估。收到评估结果后,报企业的主管部门审查,并且报同级国有资产管理部门确认。当需要评估的国有资产涉及土地使用权和建筑物时,有些地方分别规定了评估资质,可能要聘请两家不同的评估机构。此外,实践中评估价值与市场价值的偏差较大,部分债务人(如军工企业)缺乏评估的基本资料和条件,增加了资产处置的难度。国家计委“收费通知”(计价格2001年391号文),规定在评估、公证等收费问题上给予金融资产管理公司优惠,但按标的金额一定比例收费的原则未变,处置成本依然可观;而且由于该文没有法律强制力,一些地方中介机构拒绝遵照执行。

(2)国有资产处置涉及很多审批程序。《减持国有股筹集社会保障资金管理暂行办法》规定,金融资产管理公司转让所持有股份有限公司的国有股,需要经过财政部的批准。依照财政部“管理办法”,涉及100万元以上的资产损失(按单个债务人全部债务合并计算)的资产处置方案,需要由公司资产处置专门审核机构审查通过。该机构由公司资金财务、资产管理、资产评估、法律等部门5人以上组成。

(3)资产处置可能牵涉非常棘手的职工安置。国家体改委、国家计委、财政部、国有资产管理局曾于1989年《企业兼并条例》规定，被兼并企业的职工原则上由兼并方企业接受。国务院《关于在若干城市试行国有企业兼并破产和职工再就业有关问题的补充通知》，兼并企业负责被兼并企业的人员安置。被兼并企业的富余职工实行下岗分流，下岗职工进入兼并企业再就业中心。因此目前第三方取得作为债务人的国有企业的控制权时，对该企业原有职工的解聘权是受限制的。

(4) 资产处置税费优惠的受益主体有限。“条例”规定，金融资产管理公司收购、承接、处置不良资产享受税收减免优惠，但需要为无偿付能力的债务人垫付税费以办理资产过户的情况相当普遍。更重要的是，第三方收购、承接、处置金融资产管理公司的资产不享受类似优惠。后手积极性的减弱反过来仍然会影响到金融资产管理公司的资产处置。

(九) 司法诉讼

(1)《民事诉讼法》关于诉前和诉讼财产保全的要求占用金融资产管理公司大量资产，并影响到这些资产的流通性。“司法解释”第5条“人民法院对金融资产管理公司申请财产保全的，如金融资产管理公司与债务人之间债权债务关系明确，根据《中华人民共和国民事诉讼法》第92条第二款的规定，可以不要求金融资产管理公司提供担保”的规定，有时得不到落实。

(2)《民事诉讼法》第142条规定，简易程序只能适用于基层人民法院及其派出法庭审理事实清楚、权利义务关系明确、争议不大的简单民事案件。金融资产管理公司债务追诉案件往往无法适用简易程序，导致诉讼时间冗长。

(3) 部分法院在法定收费标准之外，加收“其他办案费”、“诉讼活动费”、“执行活动费”等，进一步降低了债权实际回收率。最高人民法院规定，金融资产管理公司诉讼后案件受理费、申请执行费和申请保全费减半交纳。但是实践中仍有法院继续违规收费，并巧立名目预先收取高额其他费用。

（4）“司法解释”等是否适用于从交通银行等剥离的不良资产处置，即将“司法解释”第12条适用范围中的“国有银行”扩张解释为“国有控股银行”，在2005年最高人民法院“补充通知”出台之前，各地法院存在不同认识和处理。

（5）最高人民法院《关于审理与企业改制相关民事纠纷案件若干问题的规定》第3条规定，政府主管部门在对企业国有资产进行行政性调整、划转过程中发生的纠纷，当事人向人民法院提起诉讼的，人民法院不予受理。于是，部分地方政府通过行政划转方式协助逃废债的，金融资产管理公司无法寻求司法救济。

（6）地方政府干预法院工作，频出起诉不立案、立案不审理、保全不受理、判决不执行等问题。

（十）调查执行

（1）金融资产管理公司缺少有效调查债务人状况的手段。1993年中国人民银行、最高人民法院、最高人民检察院、公安部联合下发的第356号通知，要求查阅企事业单位、机关、团体和个人与案件有关的银行存款或会计凭证、账簿等资料时，查阅人应出具县级人民法院签发的“协助查询存款通知书”。《企业法人档案登记管理办法》第18、19条规定，外单位咨询企业法人登记档案中有关企业申请筹建登记、开业登记、变更登记、注销登记等方面的情况时，须经本机关有关领导批准后，档案人员方可提供；使用保密档案时，还应履行相应的批准手续后，方可查阅。有关房地产管理、车辆管理等方面也有类似规定。因此，在债务人拒不提供财务资料和相关信息时，除司法介入外，金融资产管理公司很难向有关机构调查债务人财产状况。实践中，一些地方工商部门受地方利益的驱动，隐瞒有关材料，帮助债务人掩盖暗中改制的活动。

（2）法院强制执行不力，影响资产处置的落实。《民事诉讼法》及《关于人民法院执行工作若干问题的规定》已不能适应执行工作的实际需要，对于债务人逃废债务缺少有效的制约；法院调查企业登记状况、强制冻结交易、强制过户的权力未得到切实保障；对于法院强制执行中的财产转让缺乏必要的规定；对执行程序中普遍存在的申请恢复执行的期间计算、可执行财产的范围、执行拍卖以及“以物抵物”的程序等问题，没有确切的依据。

(3) 部分法院违反执行程序有关规定，不尊重债权人意见。《民事诉讼法适用意见》第302条规定，被执行人的财产无法拍卖或变卖的，经申请执行人同意，人民法院可以将该项财产作价后交付申请执行人抵偿债务。但实践中一些法院不经过金融资产管理公司同意，直接将执行财产高估价值抵偿给后者，造成债权大幅缩水。

(4) 债务人或者担保人为国家机关的，金融资产管理公司基本无法通过诉讼手段清收债权。最高院(2001)执他字第10号规定，预算内资金和预算外资金均属于国家财政性资金，不能用于承担连带经济责任。人民法院在执行涉及行政性单位承担连带责任的生效法律文书时，只能用该行政单位财政资金以外的自有资金清偿债务。而执行“收支两条线”后，行政机关没有其他自有资金，导致金融资产管理公司无法追偿。

(5) 少数基层法院在执行过程中“以执代审”，损害金融资产管理公司利益。

(十一) 创新机制

(1) 有限合伙处置不良资产面临法律障碍。国外相关实践的基本模式是金融资产管理公司提供不良资产，充当有限合伙人，不参与经营；外部合伙人提供资金、技术，充当普通合伙人，负责经营并对合伙债务承担无限责任。但是合伙的重大事项，一般仍须经有限合伙人同意。有限合伙通过责任、收益的不同分担吸引富有经营能力的外部人投入经营，盘活不良资产。然而，我国目前缺少有限合伙的法律形态。实务中，工商行政部门拒绝为以公司作为合伙人的合伙企业办理登记。

(2) 资产证券化处置不良资产进展缓慢。设立特殊目的公司(SPV)缺少法律的支持。例如,以未来收益作担保没有《担保法》方面的充分支持。再比如,资产证券化所创设出的份额是否属于我国《证券法》规范的"证券",是否必须采用集中交易,这些问题尚不明确。资信评级活动所依据的法律规范,很不完善。

三、法律规范调整完善的相关建议

(一) 修改完善现行法律

1.《公司法》

(1) 在有关出资方式的规定中,适当考虑增加股权以及其他形式。《公司法》2005 年底修订时规定"股东可以用货币出资,也可以用实物、知识产权、土地使用权等可以用货币并可以依法转让的非货币财产作价出资;但是,法律、行政法规规定不得作为出资的财产除外"。此次修订对于以股权或债权出资的问题未直接表态,但该问题对"债转股"等能否顺利实施影响甚大,值得进一步研究明确。

(2) 在发行新股的规定中,允许公司以债务重组为目的向债权人或外部投资者定向发行新股。修订后《公司法》第 127 条规定"股份的发行,实行公平、公正的原则",为非公开发行留下了空间。修订后《证券法》第 13 条规定:"上市公司非公开发行新股,应当符合经国务院批准的国务院证券监督管理机构规定的条件,并报国务院证券监督管理机构核准。"这些规定为基于债务重组目的的定向发行适用有别于一般的核准程序,初步铺平了道路。

(3) 对公司回购自身股份的规定进行调整,便于公司为重组目的回购股份。修订后《公司法》第 143 条规定:公司存在下列情形之一的,可以收购本公司股票:(一)减少公司(注册)资本;(二)与持有本公司股份的其他公司合并;(三)将股份奖励给本公司职工;(四)股东因对股东大会作出的公司合并、分立决议持异议,要求公司收购其股份的。这一修订便利了公司基于重组目的的股份回购,但有待进一步明确和补充。

(4)完善公司兼并重组、重大变动时异议股东的股份回购请求权,特别是明确法院确定价格的方法。

(5)应用"公司人格否认"机制,抑制大股东权利滥用。《公司法》修订没有明确设立"公司人格否认"制度,但注意到了"公司股东滥用有限责任,损害公司债权人利益和社会公共利益"的问题。修订说明中指出:"实践中存在一些公司股东滥用有限责任逃废债务、逃避法律义务,损害公司债权人利益和社会公共利益的情况。有意见提出公司法应当针对这一情况建立相应的防范机制。"考虑到目前我国相关的司法实践经验不足,在公司法中对"滥用有限责任"作出明确界定有一定困难,美国、德国、法国、日本等国家也是通过判例个案处理这个问题的,修订案在总则中作了原则性规定:"公司股东应当遵守法律、行政法规和公司章程,依法行使股东权利,不得滥用股东权利损害公司或者其他股东的利益;不得滥用公司法人独立地位和股东有限责任损害公司债权人的利益。"滥用有限责任的具体标准,可由人民法院在司法实践中具体掌握。

2.《合伙企业法》

考虑增加规定有限合伙的法律形态。

3.《合同法》

(1)考虑调整《合同法》,规定《合同法》实施之前成立的债权,在《合同法》实施之后的转让,适用《合同法》的规定,即以通知产生对债务人的效力。

(2)考虑由最高人民法院予以明确:金融资产管理公司采取债权转让方式处置不良资产时,可以通过在全国或省级有影响的报纸上发布债权转让公告或通知的方式履行债权转让通知义务。最高人民法院"补充通知”(法2005年62号,2005年5月30日)规定:“国有商业银行(包括国有控股银行)向金融资产管理公司转让不良贷款,或者金融资产管理公司受让不良贷款后,通过债权转让方式处置不良资产的,可以适用本院发布的上述规定”,吸收了上述建议,解决了这一问题。

4.《担保法》

(1)修改《担保法》第61条关于最高额抵押担保的主债权不得转让的规定,允许债权数额已特定的最高额抵押担保的主债权转让。值得注意的是,向社会公开征求意见的《物权法》草案第226条规定:“最高额抵押担保的债权确定前,部分债权转让的,最高额抵押权不得转让,但当事人另有约定的除外”,为协议转让最高额抵押担保项下债权提供了法律可能。

(2)对于某些仅欠缺形式要件的抵押权,抵押登记部门应允许其补办手续,法院应认定其有效。例如,设立房屋抵押时,未办理相对应土地使用权抵押的;设备抵押未取得企业主管部门同意的。

5.《破产法》

(1)尽快通过实施《企业破产法》。规定债转股企业可以适用重整规定,避免未转股的债权人向转股企业单独求偿。

(2)在《企业破产法》中增加破产惩戒的规定。例如,对破产企业法定代表人个人财产有限制的执行,限制其再行担任公司法定代表人或董事等高级管理职务等。

6.《刑法》

(1)现行《刑法》第193条规定的“贷款诈骗罪”,只适用于自然人,无法依此追究法人恶意逃债的刑事责任。为遏止逃废债务,考虑增加“恶意逃避银行债务罪”或对现行《刑法》“贷款诈骗罪”做从宽解释,对转移企业资产,恶意逃避银行债务的企业和个人追究刑事责任。

(2)考虑增加一条:对企业申请破产、改制、注销、变更前,有非法转移财产、放弃财产、放弃到期债权、不清算或不按法定程序清算行为,且金额较大的,危害债权人利益的,对直接责任人进行刑事处罚,对单位处以罚金。同时根据《刑法》总则中民事权益优先的原则,撤销犯罪嫌疑人的上述非法转移资金行为,优先偿还债权人的合法债权。

(二)增加对金融资产管理公司的特别规定

(1)金融资产管理公司通过市场方式(如拍卖)处置资产的,可豁免资产评估的强制性要求。

(2)考虑由最高人民法院采用司法解释予以明确:国有银行(包括国有控股银行)向金融资产管理公司转让不良贷款,以及金融资产管理公司通过债权转让方式处置不良贷款,除非担保人(包括保证保险合同中的保险人)与债权人事先书面约定仅对特定债权人承担担保责任或者禁止债权转让的,均无须征得担保人的同意,担保人仍应在原担保范围内对受让人承担担保责任。最高人民法院"补充通知"规定:"国有商业银行(包括国有控股银行)向金融资产管理公司转让不良贷款,或者金融资产管理公司收购、处置不良贷款的,担保债权同时转让,无须征得担保人的同意,担保人仍应在原担保范围内对受让人继续承担担保责任。担保合同中关于合同变更需经担保人同意的约定,对债权人转让债权有约束力",具体落实了这一建议。

(3)《公司法》关于股份有限公司发起人股份1年不得转让的限制不适用于金融资产管理公司。修订后《公司法》对发起人股份禁售期限作了一些调整,"发起人持有的本公司股份,自公司成立之日起1年内不得转让。将金融资产管理公司排除在限制之外,有助于增加其择机退出的灵活性"。

(4)《城镇国有土地使用权出让和转让暂行条例》关于"未按土地使用权出让合同规定的期限和条件投资开发、利用土地的土地使用权不得转让"的规定,不适用于金融资产管理公司作为受让人和转让人的情形。

(5)《城市房地产管理法》规定的土地强制收回制度不适用于金融资

产管理公司。

(6) 考虑赋予金融资产管理公司以国外类似机构的特别调查权。例如,美国曾在《金融机构改革、复兴与实施法案》中,赋予其资产管理公司调查贷款欺诈和违法行为等其他金融机构所不具有的权利。

(7) 考虑在现行《担保法》规定的与债务人协商和申请法院裁定之外,赋予金融资产管理公司以抵押物止赎权,提高处置效率和回收率。不过从目前向社会公开征求意见的《物权法》草案条文来看,其对于流质抵押仍持禁止态度。本项建议被实际采纳的可能性不大。

(8) 考虑制定《金融资产管理公司法》。

(三) 改进司法诉讼机制

(1) 考虑设立专门的破产法院(庭),改变破产案件一审终审的局面,提高法官业务水平,强化法院执行力度。

(2) 在不违反法律的前提下,简化手续,方便交易:承认公告方式进行债权转让通知的效力;诉讼中的债权转让,法院应根据债权受让人申请,裁定变更诉讼主体;判决生效后的债权转让,法院应根据债权转让协议和判决接受债权受让人的执行申请。最高人民法院"补充通知"中规定:"金融资产管理公司转让、处置已经涉及诉讼、执行或者破产等程序的不良债权时,人民法院应当根据债权转让协议和转让人或者受让人的申请,裁定变更诉讼或者执行主体",落实了本建议。

(3) 统一规范"债权凭证",取消其不得转让的限制。在操作中,债权人已申领了债权凭证的贷款债权可以转让;受让人受让此类债权后,可以依据债权转让协议向人民法院申请变更债权凭证的权利主体;对符合恢复执行条件的,受让人也可以依据债权转让协议以自己的名义直接向人民法院申请恢复执行。

(4) 考虑将强制执行抵押物之诉归入非诉案件类型,实行按案件件数收费。赋予法院直接拍卖的权利。

(5) 规范诉讼收费制度，消除不合理收费。

四、金融资产管理公司的自律与监管

有必要指出的是，在呼吁完善法律法规、改善司法环境的同时，银行、金融资产管理公司自身也必须依法经营，加强自律，规范运作。实践表明，各家金融资产管理公司在这方面的问题相当严重，突出表现在：

(1) 剥离过程中存在违法违规行为。一些金融资产管理公司与银行联手作假，帮助银行乘机转嫁经营性损失，甚至通过剥离掩盖违规经营问题和违法犯罪案件，造成大量国有资产流失，违法犯罪分子得不到追究。

(2) 资产处置过程中存在违法违规行为。一些金融资产管理公司处置资产过程不透明，评估随意性大，存在假招标和假拍卖现象，内部交易和关联交易问题不少。

(3) 内部管理存在问题。一些金融资产管理公司内控制度流于形式，监督制衡效果不彰。

2004 年初，国务院指令国家审计署对四大资产管理公司进行审计。在随后的一年多中，审计署及其各地特派办投入三百多人，对四家资产管理公司进行了审计，抽查金额达 5544 亿元。2005 年 6 月 28 日，审计署年度审计报告显示资产管理公司存在诸多违法违规问题，主要包括违规剥离和收购不良资产、违规低价处置不良资产、违规挪用资产处置回收资金为职工谋利或公款私存、对抵债资产管理不严、存在大量账外存放或违规自用，造成回收资金损失。在资产处置中，评估和拍卖环节管理混乱，甚至存在虚假操作，故意压价的情况。该次审计总共查出各类违规、管理不规范问题和案件线索金额 715 亿余元，占到审计抽查总金额的约 13%。

针对这种情况，中国银监会曾于 2004 年末召开有关加强不良资产处置监管的工作会议，强调切实加强金融资产管理公司监管工作，依法查处不良资产管理和处置中存在的违法违规问题，涉及违法犯罪的要移送司法机关追究刑事责任。其中,银监会特别提议刑法修订时增加对金融机构伪造、变造或变相伪造相关法律文书核销不良资产或逃避监管行为的罪名,以有效遏止目前大量出现的利用伪造的法律文书核销不良资产,牟取非法利益的案件。

时至今日,1999 至 2000 年间首批剥离的不良资产已处置逾半,然而"行百里者半九十",实践中的得失成败仍值得总结。更重要的是,新生不良资产正在并仍将继续产生和有待处置,银行以及金融资产管理公司在这方面的任务是长期性的。为确保完成这一使命,外部法律环境的改善与内部行为规范的加强同样重要。同时,立法者在给予银行、金融资产管理公司资产处置中的特别待遇时,有必要特别谨慎,过于宽松的对待既会影响到法律的平等适用,又不利于金融机构在有约束的条件下努力提高经营能力。分寸的把握,尺度的拿捏,需要在今后的实践中不断地摸索和论证。

结　语

困则思变，变中求通。2005 年 4 月，日本首相小泉纯一郎宣布将通过并购和私有化方式，对日本邮政事业进行改革。如前文中所提及，日本邮政事业是下辖 2.5 万个储蓄、保险、邮政、养老金等分支机构、二十七万多雇员的庞大国企，掌管三万多亿美元的资产，约占日本这个世界第二大经济体个人金融资产总和的四分之一。然而由于政企不分、经营不善等原因，该机构长期以来积累了大量不良资产。这次小泉政府终于痛下决心，决意推动对此顽疾动大手术。按照计划，日本邮政将被分拆为四个部门，分别从事邮递、邮政储蓄、人寿保险和邮局管理；到 2017 年之前，各业务部门必须首先达到与私营银行和保险公司相同的市场监管标准，并全面完成政府所有权的转换。同时，日本政府也在酝酿修订商业法规，允许国外收购者以股权置换的方式进入日本邮政。

显然，日本政府希望通过邮政改革促进金融领域竞争，提高金融服务效率，促进本国经济恢复。然而，要对一百三十余年来始终维持国营性质的邮政事业进行彻底改革，阻力重重。7 月 5 日日本国会众议院以微弱多数通过改革议案，但 8 月 8 日参议院投票却以 125 票对 108 票否决了该议案。邮政改革是小泉十多年前担任邮政大臣时就定下的目标，之后更成为其聚集“人气”竞选自民党总裁、抗衡党内其他派别的战略口号，几乎已经上升为一种精神追求。议案被否决后，小泉立即宣布解散议会，于 9 月提前进行大选；同时表示，如果他所在的自民党和公明党联盟在众议院大选中未能获得多数席位，他本人将宣布辞职。虽然小泉最终在选举中大胜，但首相如此决绝地以个人的政治生命作注，仍凸显出日本金融改革的不易。

与此类似，中国银行业的改革也进入攻坚阶段，成败视乎勇气和智慧。银监会副主席唐双宁曾概括我国国有银行改革遵循四个原则:改革选择先易后难、动用资源综合考虑、改革措施标本兼治、具体安排符合国情。面临2006年底入世承诺缓冲期的结束,动用巨额外汇储备补充银行资本,显示了决策者的勇气和决心。针对各家银行不同情况分别制定股改计划,表明市场现实和专家智慧得到尊重。作为规模最大、历史包袱更重的国有银行,工行没有因循中行、建行的既有模式——先以原有资本金冲销损失类资产再补充资本,而是直接补充资本金。银行专家陆磊赞同这种"有限、适度、分阶段注资"的方式,认为应实事求是,区别对待四大银行,实行"四行两策",即对于工行和农行,是既定渐进式改革目标下的成本最小化,对于中行和建行,是给定成本下的效益最大化。因此对前者来说,是否上市、是否分拆、如何实现政策性金融职能,有待更深入的讨论。

值得注意的是,对于国有商业银行正在进行的改革,许多经济学家持谨慎态度。《财经》杂志(2005年第14期)与国家统计局中国经济景气监测中心于2005年6月底完成了一项合作调查,参与调查的60位经济学家中,17.2%认为国有银行尚未出现明显变化,65.5%认为账面重组顺利,但公司治理没有明显变化,只有15.5%的经济学家认为公司治理水平正在不断改善。就中行和建行而言,目前虽然初步建立了公司组织框架,实现了形似,但也只是形似而非神似。三会制度的具体落实、决议规划和执行的到位、战略投资者的谈判和引进、关联交易的控制和防范、业务流程的重组和改造,许多具体工作需要扎扎实实地推进。想要提升对银行改革的评价,依然任重道远。

改革必然激发创新。伴随股改的深入,国有股权和私人股权并存状况下的目标矛盾、利益冲突是难以回避的,而如何防止改革沦为少数"官"与所谓"商"相互勾结、中饱私囊的盛宴,更是必须严肃对待的问题。国家应当从整体上反思各部门的角色定位,杜绝权力个人化、利益组织化和政府公司化,特别是要避免将社会创新能力诱导到权力寻租的领域内。监管者希望以三种手段结合约束违法不当行为的发生:通过思想教育使人不想为，通过制度安排使人不能为，通过严厉打击使人不敢为。政策、制度、文化，效用递增而成本渐减，然而后者终究离不开前者的累计和嬗变。思路清晰固然可贵，但关键在于能否实现。

作为经营主体，注资撇账后重装上阵的银行扩张冲动得到强化，从次级债热、理财产品热、基金业务热、证券化热中不难看出端倪。然而，新领域毕竟充满了未知的风险，股市现状足以令清醒的观察者保持谨慎的态度。对于不同部门、不同机构、不同业务之间的利益冲突和风险叠加，银行或其控股主体是否已有充分认识并准备好应对之策，能否走出以往"有扩张、无成长"、"有经历、无经验"的怪圈，是笔者在本书中一以贯之的忧虑。同时，信托领域不同规范之间的纠结、龃龉、不明确以及认识差异，让人对投资者权益究竟能否得到应有保护心存疑问；除了呼吁加强法制的保障，处于弱势的社会公众还应当通过组织和团结使自己强大。

在处置不良资产的实践中，大胆决策、分步推进、部门协调、政策配套，显现出一些成效，但是"行百里者半九十"，对于这一过程中出现的种种问题切不可掉以轻心，就其长期性和复杂性更应有清醒的认识。政府在给予银行、金融资产管理公司资产处置中的特别对待时，需要特别谨慎，因为过分宽松的对待既会影响到法律的平等适用，又不利于金融机构在强化约束的条件下努力提高经营能力。资产剥离和处置的过程注定是痛苦的，在解决现存问题的同时，还必须明确并追究责任，建立防范机制。如果能够将金融改革、银行再造、企业重塑结合起来完成，则可真正算作是亡羊补牢。毕竟金融活动的终极目标应当是创造利润，而不是转移财富。

20世纪90年代以来，向市场化前行逐渐成为绝大多数中国人的共识，至少在口头上已鲜有人公然反对，然而在这一方向上我们要走的路还很长。现在的金融领域依然大量存在着高度垄断与过度竞争并存的现象，既得利益集团竭力捍卫自己骇人的垄断收益，同时事实上的破产不可能和预算软约束又令它们一再投入低效而无当的竞争，并乘机在混乱中大肆劫掠公共财产,中饱私囊。在与其的抗争中,政府必须勇气与智慧并举,不断坚持和深化这样的理念:监管并不等同于管理,调控的重点不在控制。

在建构和谐社会的过程中,怎样正确把握法制的作用,是另一个值得深思的命题。即便与时俱进,但法律终归难以与纷繁变化的社会完全契合。是坚持依法办事辅以必要救济,还是迁就情事因人而异、朝令夕改,现实中的抉择比想象还要困难百倍,对错往往仁智互见、无法立见分晓。令人担心的是,变通失去底线,权宜变成惯例。号称下不为例的资产剥离、财务重组、破产救助、债务清偿、救急托市,时常不久即被突破。最后的晚餐后又有夜宵,善哭的孩子有奶吃,于是宣誓承诺沦为儿戏,责任得不到追究,错误不断被重复。当民众形成了法律之外的预期,规则当然更不易被遵守;特权备受艳羡,不守规矩被视为有能力,长此以往恐怕终难达成可持续的和谐。中国银行业的创新与发展是关乎经济繁荣、民族复兴的伟大事业,希望这一领域的实践能够对社会整体进步发挥积极作用。

参考文献

1. 白建军:《关系犯罪学》,中国人民大学出版社 2005 年版。
2. 北京大学金融法研究中心编:《金融法小词典》,法律出版社 2004 年版。
3. 蔡奕:《跨国银行监管的主要法律问题研究》,厦门大学出版社 2004 年版。
4. 曹凤岐、贾春新:《金融市场与金融机构》,北京大学出版社 2002 年版。
5. 曹凤岐主编:《经济发展与资本市场管理》,北京大学出版社 2003 年版。
6. 曹凤岐:《股份制与现代企业制度》,企业管理出版社 1998 年版。
7. 陈庆柏编:《西方银行法》,法律出版社 1998 年版。
8. 陈晓:《中央银行法律制度研究》,法律出版社 1997 年版。
9. 陈小敏、王晓秋、彭海燕:《美国银行法》,法律出版社 2000 年版。
10. 陈元主编:《美国银行监管》,中国金融出版社 1998 年版。
11. 戴建兵等:《金融创新与新金融产品开发》,中国农业出版社 2004 年版。
12. 杜国新主编:《金融法律实务》,经济科学出版社 1994 年版。
13. 段永宽:《加入 WTO 背景下国有商业银行深化改革与金融创新研究》,西南财经大学出版社 2003 年版。
14. 高祥阳、陈宇:《国际银行法:合同、银团和法律冲突》,中国人民大学出版社 2003 年版。
15. 顾晓敏:《国有商业银行盈利问题研究》,上海三联书店 2005 年版。
16. 洪艳蓉:《资产证券化法律问题研究》,北京大学出版社 2004 年版。
17. 《美国金融服务现代化法》,黄毅、杜要忠译,中国金融出版社 2000 年版。
18. 蒋洪主编:《商业银行常用法律问题解析》,上海财经大学出版社 2003 年版。
19. 〔美〕桑德斯:《现代金融机构管理》,李秉祥译,东北财经大学出版社 2002 年版。
20. 李飞主编:《中华人民共和国证券投资基金法释义》,法律出版社 2003 年版。
21. 李金泽:《跨国银行市场准入法律制度》,法律出版社 2003 年版。
22. 李金泽:《银行业变革中的新法律问题》,中国金融出版社 2004 年版。

23. 李金泽:《银行业法律热点难点问题探索》,中国检察出版社 2004 年版。
24. 李仁真主编:《欧盟银行法研究》,武汉大学出版社 2002 年版。
25. 李曜:《资产证券化基本理论与案例分析》,上海财经大学出版社 2001 年版。
26. 李有星:《银行风险防治的法律研究》,浙江大学出版社 2002 年版。
27. 李镇西等:《转型期的中国金融发展》,经济管理出版社 2005 年版。
28. 梁定邦主编:《中国资本市场前瞻》,北京大学出版社 2001 年版。
29. 刘军、何益群、梁文永编著:《商业银行法律问题难点释疑》,中国金融出版社 2001 年版。
30. 〔美〕拉维特、琼斯:《银行与金融机构法概要》,刘李胜、安静译,中国社会科学出版社 1996 年版。
31. 刘力、俞伟峰编著:《证券投资学》,清华大学出版社 2003 年版。
32. 刘赛红:《国有独资商业银行创新发展论》,中国市场出版社 2004 年版。
33. 陆泽峰:《金融创新与法律变革》,法律出版社 2000 年版。
34. 吕耀明:《商业银行创新与发展》,人民出版社 2003 年版。
35. 马蔚华:《因势而变——转型时期中国商业银行发展的理论与实践》,中国金融出版社 2004 年版。
36. 马原主编:《金融法分解适用集成》,人民法院出版社 2001 年版。
37. 潘金生、黄宝奎、唐兴光编著:《比较银行法》,中国金融出版社 1991 年版。
38. 潘琪:《美国破产法》,法律出版社 1999 年版。
39. 彭冰:《资产证券化的法律解释》,北京大学出版社 2001 年版。
40.《美国联邦存款保险法、银行控股公司法》,邱海洋、刘萍译,政法大学出版社 2005 年版。
41. 邱华炳主编:《政策性银行与金融创新研究》,厦门大学出版社 2002 年版。
42. 邵东亚:《金融业的分与合:全球演进与中国实践》,北京大学出版社 2003 年版。
43. 沈达明、郑淑君编著:《英美银行业务法》,中信出版社 1992 年版。
44. 沈达明编著:《美国银行业务法》,对外经济贸易大学出版社 1995 年版。
45. 史树林编著:《商业银行法律基础与操作实务》,人民法院出版社 1995 年版。
46. 田惠宇主编:《商业银行典型案例解析》,复旦大学出版社 2005 年版。
47. 万红:《美国金融管理制度与银行法》,中国金融出版社 1987 年版。

48. 王卫国主编:《中国证券法破产法改革》,中国政法大学出版社 1999 年版。
49. 王则鉴:《民法学说与判例研究》,中国政法大学出版社 1997 年版。
50. 吴敬琏主编:《比较》(第 13 辑),中信出版社 2004 年版。
51. 吴敏:《存款业务法律问题研究——从法律视角看存款业务的风险与防范》,海潮出版社 2002 年版。
52. 吴志攀、程家瑞:《海峡两岸银行法律实务论坛》,法律出版社 1999 年版。
53. 〔美〕杰克逊、西蒙斯:《金融监管》,吴志攀等译,中国政法大学出版社 2004 年版。
54. 吴志攀主编:《金融法概论》(第四版),北京大学出版社 2000 年版。
55. 吴志攀、白建军主编:《金融法苑精华版——海外金融法》,法律出版社 2004 年版。
56. 谢平、许国平主编:《路径选择、金融监管体制改革与央行职能》,中国金融出版社 2004 年版。
57. 徐刚、苏敏、周星辉主编:《金融法概论与案例》,中国金融出版社 2004 年版。
58. 姚长辉:《货币银行学》,北京大学出版社 2002 年版。
59. 岳彩申:《跨国银行法律制度研究》,北京大学出版社 2002 年版。
60. 〔美〕肯博伊:《银行家法学原理》,张必来译,中国计划出版社 2001 年版。
61. 张超英:《资产证券化的本质和效应》,经济科学出版社 2004 年版。
62. 张维迎:《企业理论与中国企业改革》,北京大学出版社 1999 年版。
63. 张炜主:《银行法律风险控制典型案例探析》,法律出版社 2004 年版。
64. 张炜主编:《银行法律实务热点报告》,中国金融出版社 2004 年版。
65. 张忠军:《金融监管法论——以银行法为中心的研究》,法律出版社 1998 年版。
66. 钟志勇:《跨国银行总行与海外分行法律关系论——政治风险之下的责任承担机制研究》,中国方正出版社 2005 年版。
67. 周辉斌:《WTO 与我国银行监管法制完善研究》,中国方正出版社 2003 年版。
68. 周仲飞、郑晖:《银行法原理》,中信出版社 2004 年版。
69. 周子衡:《金融管制的确立及其变革》,三联书店上海分店、上海人民出版社 2005 年版。

1. Allan N. Berger, et al, *The Efficiency of Financial Institutions: A Review and Preview of Research Past, Present and Future*, 17 (April) Journal or Banking and Finance 221

(1993).

2. Amy Chunyan Wu, *PRC's Commercial Banking System: Is Universal Banking a Better Model?*, 37 Colum. J. Transnat'l L. 623 (1999).

3. Andrew Crockett, *The Future of Banking Regulation*, Euromoney, Sept. (1995).

4. Andrew Xuefeng Qian, *Transforming China's Traditional Banking System Under the New National Banking Laws*, 25 Ga. J. Int'l & Comp. L. 479 (1996).

5. Anjali Kumar et al., *China's Non-Bank Financial Institutional & trust and Investment Companies*, the World Bank Discussion Paper, No. 358 (1997).

6. Anthony Santomero & Eek-June Chung, Evidence in Support of Broader Bank Powers, 1 (1) Financial Market, Institutions and Instruments 1 (1992).

7. Arthur E. Wilmarth, Jr., *The Transformation of the US Financial Services Industry, 1975—2000: Competition, Consolidation, and Increased Risks*, 2002 Univ. of Illinois L. R. 215 (2002).

8. Bernard Shull & Lawrence J. White, *The Right Corporate Structure for Expanded Bank Activities*, 115 Banking L. J. 446 (1998).

9. Bill Shaw & John R. Rowlett, *Reforming the U. S. Banking System: Lessons from Abroad*, 19 N. C. J. Int'l L. & Com. Reg. 91 (1993).

10. Brian Arthur Pomper, *The Japanese Financial Reform of* 1993: *Will Reform Spark Innovation?* 28 Cornell Int'l L. J. 525 (1995).

11. Cara Lown, et al, *The Changing Landscape of the Financial Service Industry: What Lies Ahead?*, 6 (4, October) Federal Reserve Bank of New York Economic Policy Review 39 (2000).

12. Casey K. McGarvey, *Federal Regulation of Bank Securities Activities: Will Congress Allow Glass-Steagall to Shattered?*, 12 J. Contemp. L. 99 (1986).

13. Chris. Stefanadis, *Specialist Securities Firms in the Gramm-Leach-Bliley Era*, Federal Reserve Bank of New York Working Paper (2002).

14. Clyde Mitchell, *H. R. 10-So near and Yet So Far*, N. Y. L. J. 3 (1998).

15. Daniel R. Fischel et al., *The Regulation of Bank and Band Holding Companies*, 73 VA. L. Rev. 301 (1987).

16. David. L. Glass, *The Gramm-Leach-Bliley Act: Overview of the Key Provisions; Presentation before the State of New York Banking Department*, 17 NY. Law. School. J. Human Rights 1 (2000).

17. Dede Nickerson, Business, *South. China Morning Post*, May 15 (1995).

18. Edward D. Sullivan, *Glass-Steagall Update: Proposals to Modernize the structure of the Financial Services Industry*, 112 Banking L. J. 977 (1995).

19. Eric Girardin, *Banking Sector Reform and Credit control in China*, 15 Colum. J. Transnat'l L 15 (1997).

20. George S. Zavvos, *Banking Integration and* 1992: *Legal Issues and Policy Implications*, 31 Harv. Int'l L. J. 463 (1990).

21. George W. Arnett, III, *The Death of Glass-Steagall and the Birth of the Modern Financial Services Corporation*, 203 New Jersey Lawyer 42 (2000).

22. Gerhard Wegen, *Colloquium: Transnational Financial Services-Current Challenges for an Integrated Europe*, 60 Fordham L. Rev. 91, 104 (1992).

23. Gioia Pescetto & Alfred Lewis &, *EU and US Banking in the* 1990s (1996).

24. Haiqun Yang, *Banking and Financial Control in Reforming Planned Economies* (1996).

25. Hal Scott, *International Finance*, Foundation (2004).

26. Heidi Mandanis Schooner & Michael Taylor, *United Kingdom and United States Response to the Regulatory Challenges of Modern Financial Markets*, 38 TX. I. L. J. 317 (2003).

27. House Commerce Wrangle with Privacy in Approving Financial Services Measure, Banking Policy Report. Vol. 72, No. 24 (1999).

28. Howell E. Jackson & Edward L. Symons, Jr., *Regulation of Financial Institutions*, CULPS Press (1999).

29. Howell E. Jackson, *Consolidated Capital Regulation for Financial Conglomerates* (draft paper, 2003).

30. Ingo Walter, *Strategies in Financial Services, the Shareholders, and the System: Is Bigger and Broader Better*? Brooking-Wharton Papers on Financial Services, Brookings Institution Press (2003).

31. J. Virgil Mattingly & Keiran J. Fallon, *Understanding the Issues Raised by Financial Modernization*, 2 N. C. Banking Inst. 28 (1998).

32. Joan M. LeGraw & Stacey L. Davidson, *Glass-Steagall and the "Subtle Hazards" of Judicial Activism*, 24 New Eng. L. Rev. 225 (1989).

33. Joao A. Santos, *Commercial Banks in the Securities Business: A Review* (Bank for Int'l Settlements, Monetary and Econ. Dep't, Working Paper No. 56, 1998).

34. John Boyd, et al, *Bank Holding Company Mergers with Non-bank Financial Firms: Effects on the Risk of Failure*, 17(1) Journal of Financial Economics 43 (1993).

35. John F. Mogg, *Regulating Financial Services in Europe: A New Approach*, 26 Fordham J. Int'l Law 58 (2002).

36. Jonathan R. Macey & Geoffrey P. Miller, *Banking Law and Regulation* (2d ed. 1997).

37. Jonathan R. Macey & Geoffrey P. Miller, *Non-deposit Deposits and the Future of Bank Regulation*, 91 Mich. L. Rev. 237 (1992).

38. Joseph J. Norton & Christopher D. Olive, *The Ongoing Process of International Bank Regulatory and Supervisory Convergence: A New Regulatory—Market "Partnership"*, 16 Ann. Rev. Banking L. 227 (1997).

39. Joseph J. Norton, *Up Against "The Wall": Glass-Steagall and the Dilemma of a Deregulated ("Regulated") Banking Environment*, 42 Bus. Law. 327 (1987).

40. Karol K. Sparks, *Gramm-Leach-Bliley Brings Convergence to the Banking, Insurance and Securities Industries*, 10 Bus. Law. Today 10 (2001).

41. Keith R. Fischer, *Rewarding the Safety Net: Bank Diversification into Securities and Insurance Activities*, 27 Wake Forest L. Rev. 123 (2000).

42. Keith R. Fisher, *Orphan of Invention: Why the Gramm-Leach-Bliley was Unnecessary*, 80 Oregon L. R. 1301 (2001).

43. Lawrence J. White, *Financial Modernization: What's in it for Communities?* 17 NY. Law. School. J. Human Rights 115 (2000).

44. Lawrence J. White, *The S&L Debacle: Public Policy Lessons for Bank and Thrift Regulation* (1991).

45. Li Yu, *On the Wealth and Risk Effects of the Glass-Steagall Overhaul: Evidence from the Stock Market*, New York University Working Paper (2001).

46. Manju Puri, *Commercial Banks in Investment Banking: Conflict of Interest of Certification Role?*, 40(3) Journal of Financial Economics 373 (1996).

47. Maureen O'Hara & Wayne Shaw, *Deposit Insurance and Wealth Effects: The Value of Being "Too Big to Fail"*, 45(5) Journal of Finance 1587 (1990).

48. Michael Gruson & Ralph Reisner (eds), *Regulation of Foreign Banks: United States and International*, Fourth Edition, Michie (2003).

49. Michael P. Malloy, *Banking in the Twenty-First Century (Symposium: Modernization of Financial Institutions)*, 25 J. Corp. Law 787 (2000).

50. Nicholas Economides & David Encaoua, *The Economics of Networks*, 14(6) International Journal of Industrial Organization 673 (1994).

51. Peter J. Ferrara, *The Regulatory Separation of Banking From Securities and Commerce in the Modern Financial Marketplace*, 33 Ariz. L. Rev. 583. 615 (1991).

52. Ralph Nader, Hearing on H. R. 10 Before the House Banking and Fin. Servs. Comm. 106th Cong. (1999), reprinted in Fed. News Serv., Feb 11 (1999).

53. Randall S. Kroszner & Raghuran G. Rajan, *Is the Glass-Steagall Act Justified? A Study of the U. S. Experience with Universal Banking Before* 1933, 84 Am. Econ. Rev. 810 (1994).

54. Rebecca S. Demsetz, et al, *Banks with Something to Lose: The Disciplinary Role of Franchise Value*, 2 (2, October) Federal Reserve Bank of New York Economic Policy Review 1 (1996).

55. Richard Katz, *Japanese Phoenix: The Long Road to Economic Revival*, M. E. Sharpe (2003).

56. Robert M. Kurucza & Barry I. Pershkow, *Securities and Investment Activities of Banks*, 53 Bus. Law. 1145 (1998).

57. Sarah A. Wagman, *Laws Separating Commercial Banking and Securities Activities as Impediment to Free Trade in Financial Services: A Comparative Study of Competitiveness in the International Market for Financial Services*, 15 Mich. J. Int'l L. 999 (1994).

58. Sarah Smith, *Gramm-Leach-Bliley: The Effect of Interim Rulings on German Banks*, 8 ILSA. J. L. C. L. 663 (2002).

59. Shawn A. Bailey, *Tearing Down the Wall between Banking and Commerce: An Evaluation of the Federal Reserve Board's Implementation of the New Standard for Permissible Non-Banking Activities*, 91 Kentucky Law Review 205 (2002—2003).

60. Solomon M. Karmel, *Securities Markets and China's International Economic Integration*, 49 J. Int'l Affairs 525 (1996).

61. Tara L. Meltzer, *Congress, Regulators Split Over Major Banking Reform Bills*, 16 Banking Pol'y Rep. 6 (1997).

62. The Office of the Comptroller of the Currency News Release, OCC NR 97—34, at 1 (Mar. 24, 1997).

63. Tom Lowe (editor), *Financial Services and Markets Act* 2000, Oxford (2002).

64. US General Accounting Office, *Deposit Insurance: Overview of Six Foreign Systems*, GAO/NSIAD-91-104 (1991).

65. Vincent DiLorenzo, *Cost-Benefit Analysis, Deregulated Markets, and Consumer Benefits: A Study of the Financial Services Modernization Experience*, 6 Nyu. J. L. P. P. 321 (2002—2003).

66. William L. Horton, Jr., *The Perils of Universal Banking in Central and Eastern Europe*, 35 Va. J. Int'l L. 683 (1995).

67. William M. Isaac & Melanie L. Fein, *Facing the Future: Life Without Glass-Steagall*, 37 Cath. U. L. Rev. 281 (1988).

68. Zhipan Wu, *The "Big Bang" financial Reform in Japan*, Financial Law Forum, Law Press (1999).

致谢

感谢导师曹凤岐教授、吴志攀教授以及北京大学金融与证券研究中心、金融法研究中心同仁的指导和帮助。

感谢光华管理学院徐信忠教授、史树中教授、于鸿君教授、刘力教授、姚长辉教授、贾春新教授、张圣平教授，中央财经大学贺强教授的指导和点拨。感谢李九兰老师、朴文丹老师、龚文东老师、冯支越老师、衣秀霞老师、殷铭老师、赵焕老师、牛鸿玉老师、范卓敏老师、陆宁波老师等的帮助，使我顺利完成博士后科研工作。

感谢哈佛大学 William Alford 教授、Howell Jackson 教授、Hal Scott 教授、Nicholas Howson 教授、Reinier Kraakman 教授、Mark Roe 教授、John Coates 教授、梁定邦教授、冯胜利教授、戴静博士、Jane Bestor 博士、特拉华州 Leo Strine 法官、哈佛东亚法律研究中心，以及康石、卜元石、罗芳雨、李清池、尹潞、张文、梁晓晖等同窗好友，你们令我的哈佛求学生活十分难忘。

感谢证监会工作期间的诸位领导与同事，特别是王超、陈大刚、冯鹤年、焦津洪、陈飞、林雯、陈益民、陆泽峰、吴国舫、何艳春、尚敏、涂卫东、陈舜、李佩霞、胡宝剑、徐雅萍、索莉晖、徐燕、朱伟一、马江河、杨正洪、蒋颛顼、李臣、王升义、张政燕、庞魁霞、李健、刘哲、李飞、包景轩、张小义等许多朝夕相处的师长和伙伴，在资本市场处于低潮、面临变革的时期，大家的工作态度和专业素养令我由衷地感动和钦佩，这段经历使我受益匪浅。

感谢许美征教授、石静霞教授、王卫国教授、李曙光教授、赵旭东教授、王欣新教授、顾功耘教授、谢青教授、汤欣教授、朱苏力教授、邵景春教授、刘东进教授、张守文教授、谢思敏律师、Nick Segal 律师、肖梦女士，在与各位一起工作的过程中我学到很多。

感谢彭雪峰律师、于绪刚律师、魏君贤律师、郭克军律师、喻青律师、李光律师、郑顺炎博士、郑琰博士、肖江平博士、洪艳蓉博士、金锦萍博士、黄卉博士、王乐今博士、沈千帆博士、Jane Winn 教授、John Attanasio 教授、Joseph Norton 教授、Douglas Arner 教授、张宪初教授、陈文敏教授、白建军教授、李鸣教授、楼建波教授、刘燕教授、彭冰教授、罗培新教授、张建伟教授，杨志明先生、王洪恩先生、妹妹郭霓以及其他同学好友们一如既往的帮助和支持。

感谢孩提时代起的启蒙教师——王新华老师、高月仙老师、贾美凤老师、杨霞芬老师、许存浒老师等，在自己成为一名教员后，我愈发体会到当年师恩种种的可贵。

感谢北京大学法学院的诸位老师，十年的教育和栽培后，又使我回到了这个家。

感谢我的朋友——王晶编辑、薛颖编辑为拙作出版所倾注的心血。

感谢恩师吴志攀先生、曹凤岐先生以及师母杨锐女士、孙立军女士，感谢我的外祖母张俊卿女士、母亲蔚玲女士、父亲郭国太先生，你们的关爱与付出令我无以回报。

郭　雳

2006 年 6 月

国际金融法论丛已出书目

- 资产证券化法律问题研究　　洪艳蓉　著
- 英美全面业务抵押制度研究　　苏合成　著
- 中国上市公司收购监管　　郑　琰　著
- 投资基金治理结构之法律分析　　张国清　著
- 金融集团法律问题研究　　杨　勇　著
- 转型、变法与比较法律经济学　　张建伟　著
- 金融法路径　　吴志攀　白建军　主编
- 欧盟、美国企业合并反垄断规制比较研究　　卫新江　著
- 中国近代证券法　　王志华　著
- 内地公司香港上市及两地监管合作研究　　王春阁　著
- 期货市场风险管理的法律机制研究　　李明良　著
- 金融全球化与金融监管立法研究　　曾筱清　著
- 国际融资担保的创新与借鉴　　李国安　主编
- 国有商业银行改制上市法律问题研究　　台　冰　著

- 美国风险投资法律制度研究　彭丁带　著
- WTO争端解决规则与中国的实践　纪文华　姜丽勇　著
- 信用证法律与实务研究　徐冬根　著
- 金融资产证券化　王志诚　著
- 证券客户资产风险法律问题研究　廖　凡　著
- 中国银行业创新与发展的法律思考　郭　雳　著